# L'ITALIANO? SÌ, GRAZIE

Oltre 1000 vocaboli illustrati,
con giochi ed esercizi

ELI

Casella Postale 6 - Recanati - Italia
Tel. 071/750701 - Fax 071/977851
3ª ristampa 1995

Stampato in Italia dalla Tecnostampa s.r.l.

**"Italiano? Sì, grazie"** si affianca alle riviste a fumetti della ELI e ne segue fedelmente l'intento didattico: quello di insegnare le lingue straniere in maniera piacevole e divertente. Preparato da una équipe di esperti nella didattica linguistica, questo volume agile ed efficace non è da intendersi come un corso di italiano, ma come un sussidio da utilizzare in modo particolare nell'insegnamento del *lessico.* Venti *grandi tavole* illustrano infatti tutti i principali aspetti della vita quotidiana: dalla *casa* alla *città,* dai *mestieri* agli *animali,* e così via. Alle tavole segue una pagina in cui, accanto ad un piccolo glossario illustrato dedicato soprattutto alla visualizzazione di verbi e aggettivi, si trovano *esercizi applicativi* e *giochi* di vario genere, che prevedono l'impiego dei vocaboli illustrati nella tavola precedente. Si tratta talvolta di esercizi in cui il lettore, dovendo completare delle frasi o rispondere a delle domande del tipo scelta multipla, ha la possibilità di trovare o di collocare la parola appresa nel suo giusto contesto.

La pratica moderna dell'insegnamento linguistico accorda sempre maggiore importanza alla *visualizzazione,* nella convinzione che un vocabolo illustrato si apprende in maniera più immediata e durevole di una parola semplicemente spiegata con altre parole. È questo il criterio didattico che informa la presente pubblicazione, che può essere utilizzata dagli studenti anche *a casa,* particolarmente *durante le vacanze,* per effettuare un utilissimo e al contempo *piacevole ripasso* di quanto hanno appreso durante l'anno scolastico. Per un tale uso extrascolastico **"Italiano? Sì, grazie"** si presenta come la lettura ideale, in quanto non impegna a seguire una serie graduata di unità didattiche, ma si può guardare e consultare liberamente in qualsiasi pagina, a seconda degli interessi e delle necessità di apprendimento del lettore stesso. Nelle ultime pagine di **"Italiano? Sì, grazie"** potrà controllare le soluzioni dei giochi e il corretto svolgimento degli esercizi applicativi.

# LA NATURA

la vetta
la neve
la montagna
le rocce
il pendio
la collina
il lago
il villaggio
la spiaggia
la baia
il ruscello
la cascata
la chiesa
il fiume
le case
il campo coltivato
la strada di campagna
gli alberi
la siepe
i rami
il fiore
la foglia
i cespugl
il prato

il cielo
l'orizzonte
l'istmo
l'isola
la pianura
la costa
la foce
gli scogli
il mare
le onde
il bosco
lo stagno

**In ognuno dei seguenti gruppi c'è una parola fuori posto; individuala e scrivila accanto al gruppo a cui appartiene.**

1. vetta - montagna - foglia - pendio - rocce ..............................
2. fiume - ruscello - istmo - cascata - foce ..............................
3. spiaggia - baia - costa - scoglio - lago ..............................
4. albero - fiore - siepe - neve - cespuglio ..............................

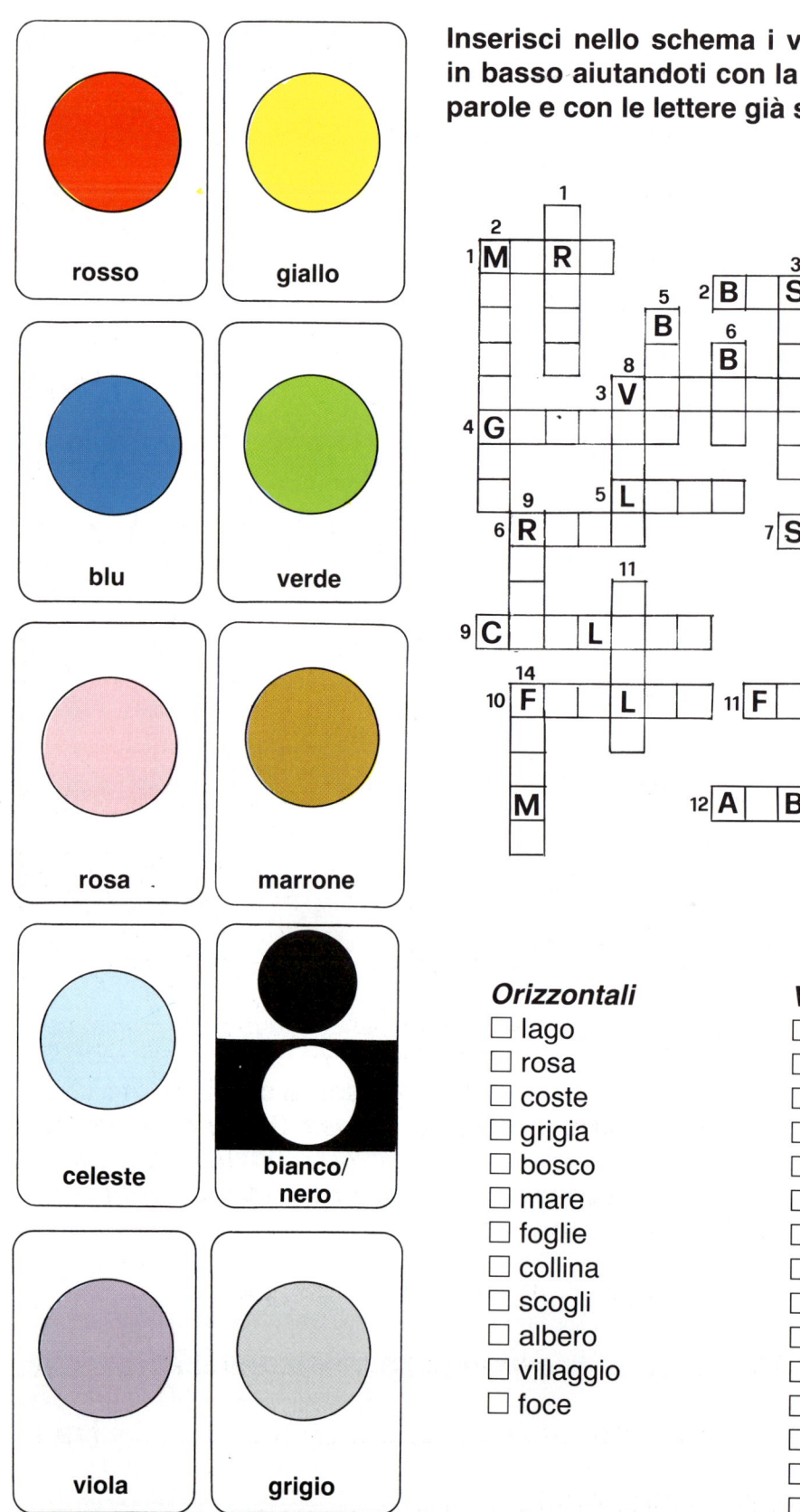

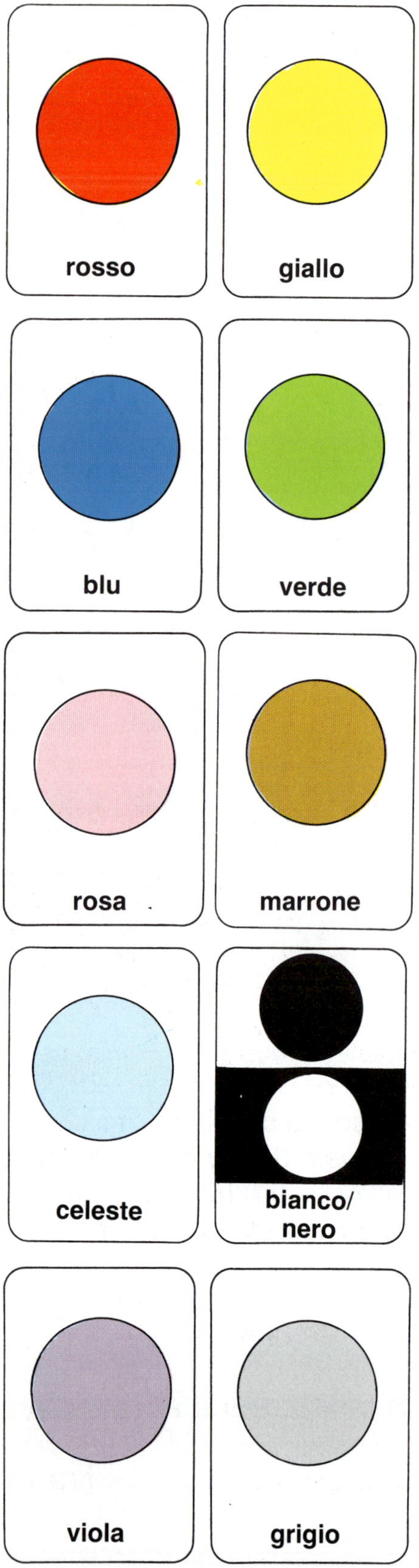
rosso
giallo
blu
verde
rosa
marrone
celeste
bianco/
nero
viola
grigio

**Inserisci nello schema i vocaboli elencati in basso aiutandoti con la lunghezza delle parole e con le lettere già scritte.**

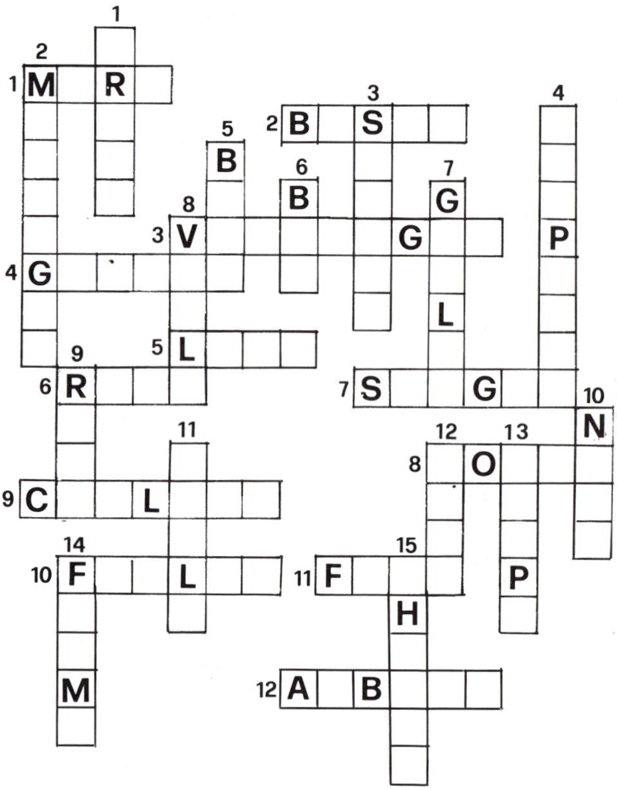

| ***Orizzontali*** | ***Verticali*** |
|---|---|
| ☐ lago | ☐ giallo |
| ☐ rosa | ☐ cespugli |
| ☐ coste | ☐ neve |
| ☐ grigia | ☐ siepi |
| ☐ bosco | ☐ prato |
| ☐ mare | ☐ cielo |
| ☐ foglie | ☐ montagna |
| ☐ collina | ☐ chiesa |
| ☐ scogli | ☐ case |
| ☐ albero | ☐ ramo |
| ☐ villaggio | ☐ stagno |
| ☐ foce | ☐ viola |
| | ☐ baia |
| | ☐ blu |
| | ☐ fiume |

**Colora le varie zone numerate del disegno qui sopra con il colore che corrisponde a ciascun numero.** *1. Celeste, 2. rosa, 3. bianco, 4. viola, 5. verde, 6. marrone, 7. blu, 8. grigio, 9. giallo, 10. rosso, 11. nero.* **Completa la descrizione di ciò che appare nella scena utilizzando i vocaboli che hai appreso nella pagina precedente.**

Il c _ _ _ _ è c _ _ _ _ _ _ e. Sulla v _ _ _ _ della m _ _ _ _ _ _ _

c'è la n _ _ _. Un f _ _ _ _ scende dalla montagna e attraversa

la p _ _ _ _ _ _ _. Ci sono molti a _ _ _ _ _ v _ _ _ _. Tra i

c _ _ _ _ _ _ _ _ si vedono dei f _ _ _ _ r _ _ _ _.

# LA CITTÀ

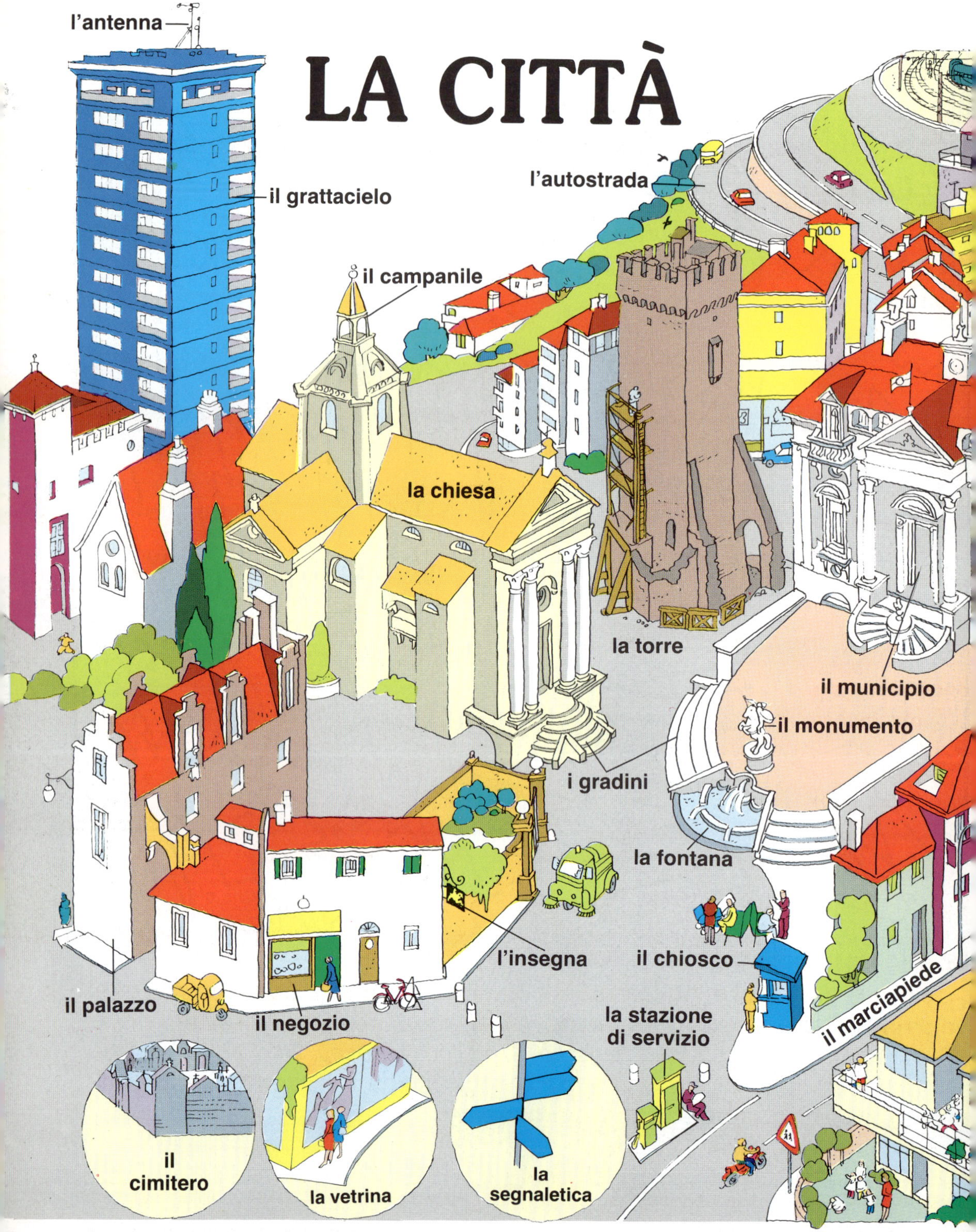

l'antenna
il grattacielo
l'autostrada
il campanile
la chiesa
la torre
il municipio
il monumento
i gradini
la fontana
l'insegna
il chiosco
il marciapiede
il palazzo
il negozio
la stazione di servizio
il cimitero
la vetrina
la segnaletica


**Completa le seguenti espressioni utilizzando le parole di questa pagina.**

1. Camminare sul _ _ _ _ _ _ _ _ _ _ _
2. Attendere l'autobus alla _ _ _ _ _ _ _
3. Salire i _ _ _ _ _ _ _

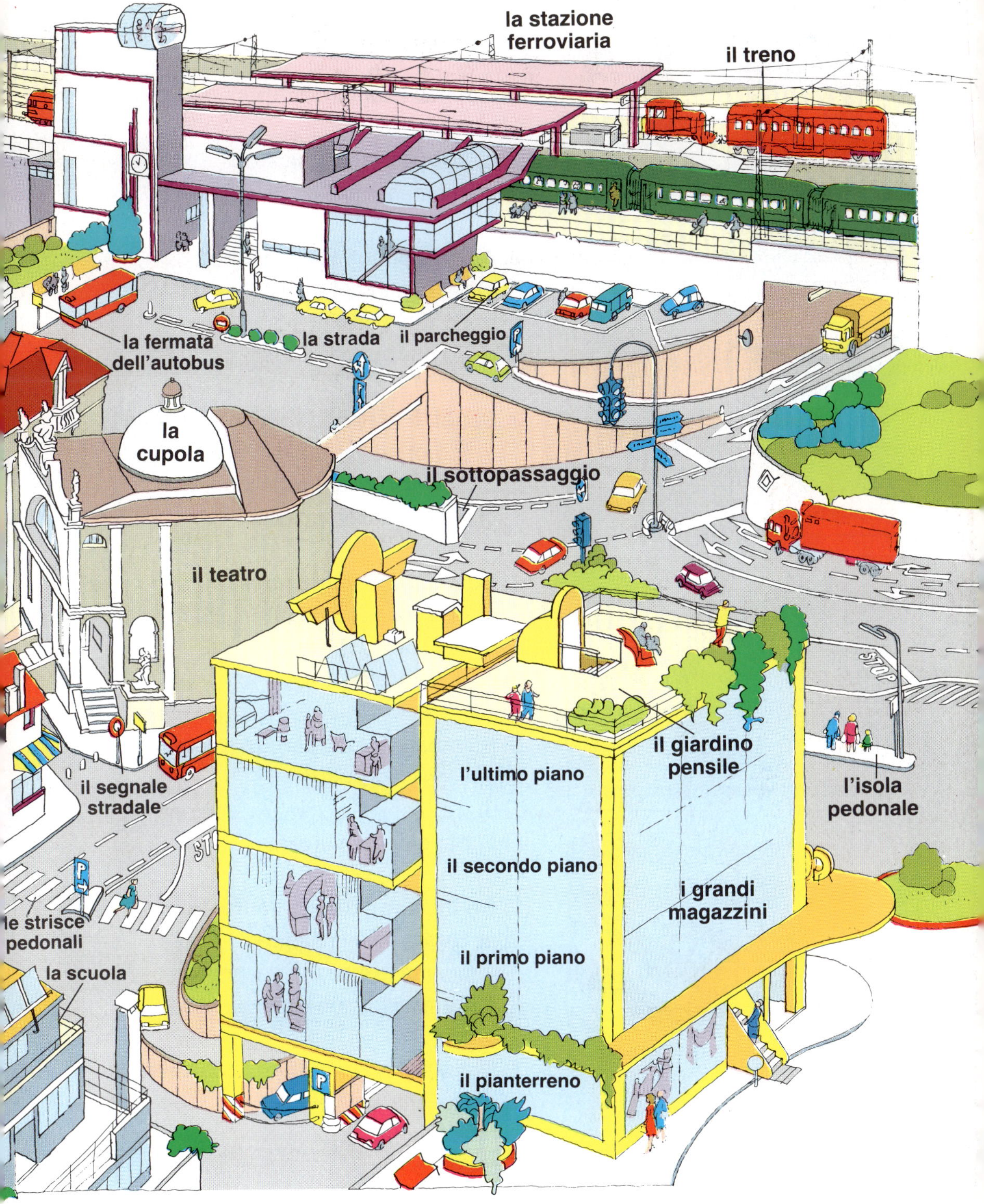
la stazione ferroviaria
il treno
la fermata dell'autobus
la strada
il parcheggio
la cupola
il sottopassaggio
il teatro
il giardino pensile
l'ultimo piano
il secondo piano
i grandi magazzini
il primo piano
il pianterreno
il segnale stradale
l'isola pedonale
le strisce pedonali
la scuola
STOP

4. Guardare le _ _ _ _ _ _ _ _ _ dei negozi
5. Lasciare l'auto al _ _ _ _ _ _ _ _ _ _ _ _ _
6. Fare acquisti ai _ _ _ _ _ _ _ _ _ _ _ _ _ _ _ _ _ _

camminare

correre

fotografare

visitare un
museo

aspettare

incontrarsi

P
parcheggiare

attraversare
la strada

gettare

imbucare

# QUAL È LA RISPOSTA GIUSTA?

**1. Dove si può fare rifornimento di benzina?**

☐ a) al chiosco
☐ b) alla stazione di servizio
☐ c) al parcheggio

**2. Abiti al diciottesimo piano?**

☐ a) Sì, in una bella villa
☐ b) Sì, in un grattacielo
☐ c) Sì, ci sono pochi gradini

**3. Scusi, è lontana la piazza centrale?**

☐ a) È proprio qui, a sinistra
☐ b) Scenda nel sottopassaggio
☐ c) È sul giardino pensile

**4. Dove posso acquistare dei medicinali?**

☐ a) In un negozio di abbigliamento
☐ b) Nella torre
☐ c) In farmacia

**5. Sa indicarmi un parcheggio per l'auto?**

☐ a) È nell'isola pedonale
☐ b) Ce n'è uno vicino alla stazione
☐ c) Deve andare al teatro

**6. Come si raggiunge l'autostrada?**

☐ a) Segua la segnaletica
☐ b) Guardi le insegne dei negozi
☐ c) Cammini lungo il marciapiede

**7. Dove posso imbucare le cartoline?**

☐ a) Davanti alle vetrine
☐ b) A scuola
☐ c) Alla posta

**8. Dove si prende l'autobus?**

☐ a) Ai grandi magazzini
☐ b) Alla fermata più vicina
☐ c) Sulle strisce pedonali

**Segui la linea, dalla freccia d'entrata a quella di uscita, senza mai rifare lo stesso percorso. Ogni volta che incontri un disegno, scrivi nello spazio apposito l'azione che gli si addice.**

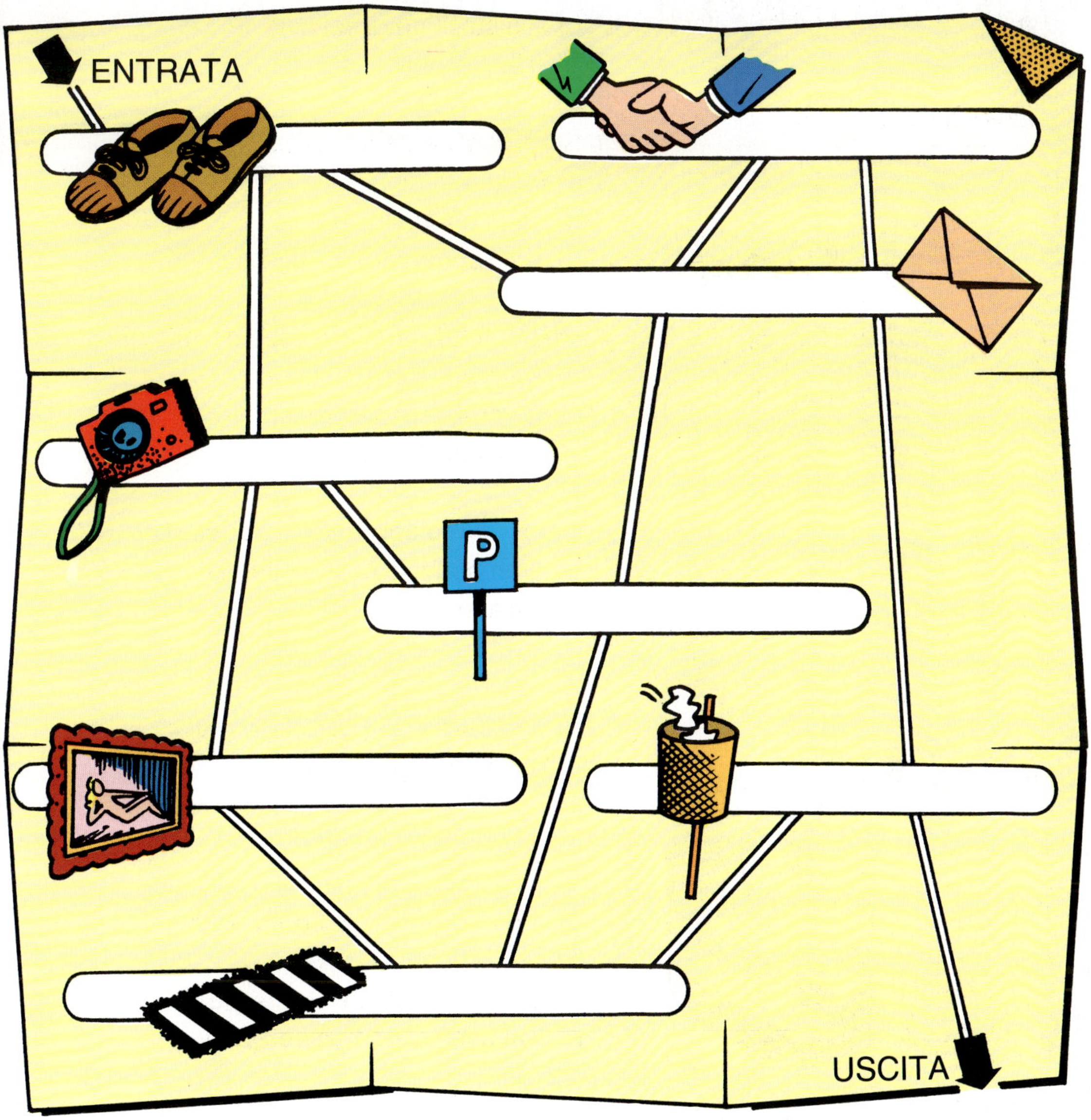


**Inserisci nello schema le azioni del gioco qui sopra, aiutandoti con le lettere già scritte. Nella colonna con l'asterisco apparirà il nome di due città italiane.**

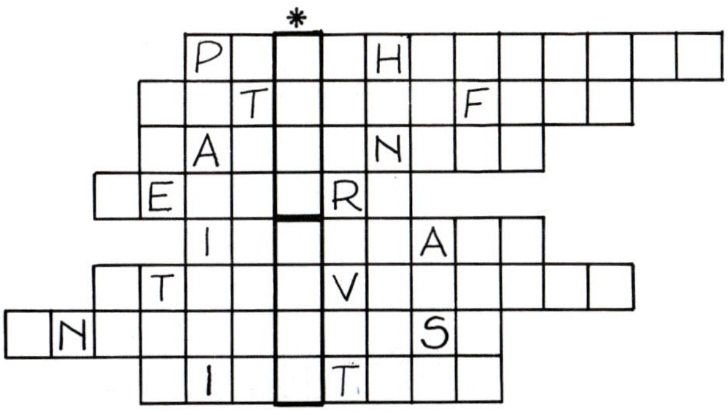

# L'AEROPORTO E
# LA STAZIONE FERROVIARIA

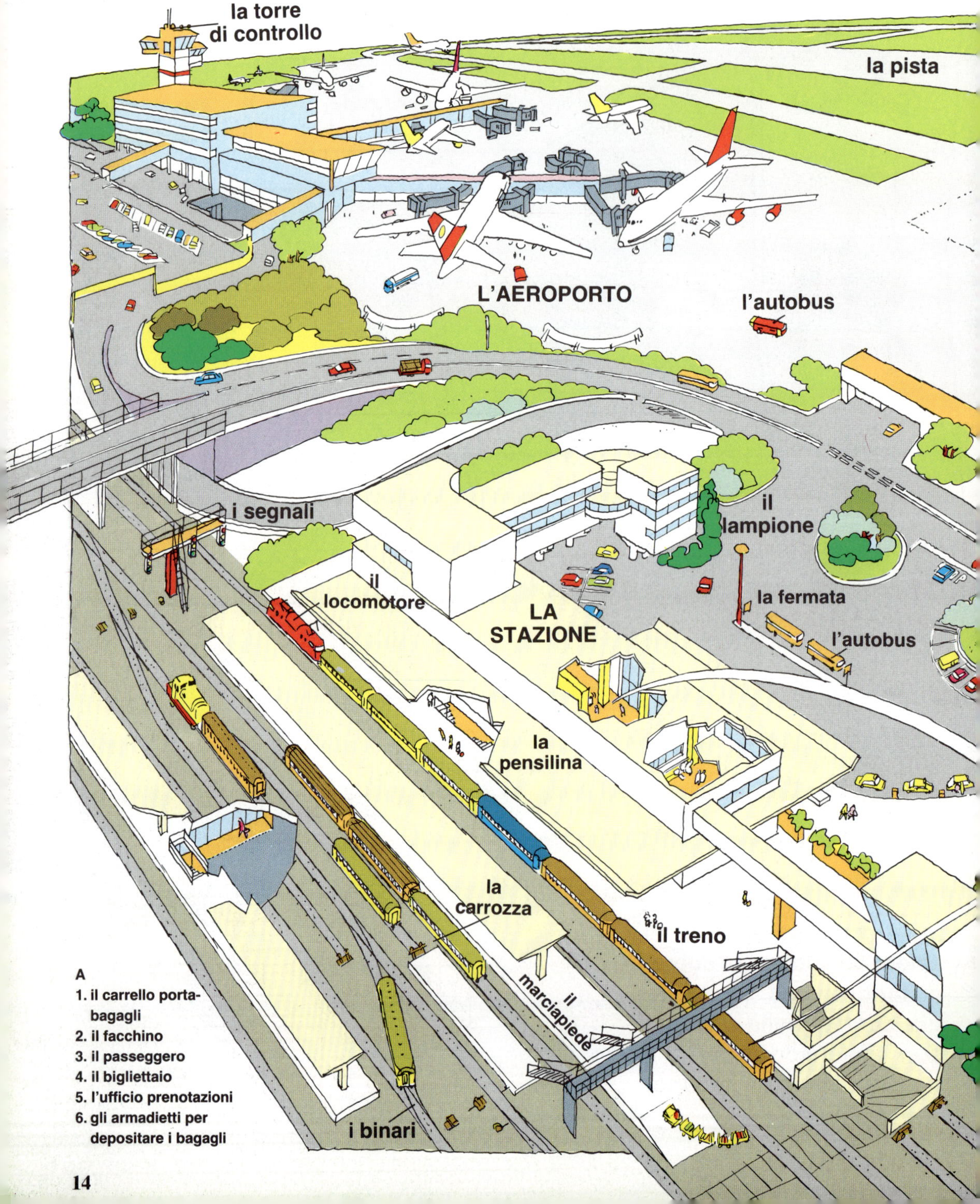
la torre
di controllo
la pista
L'AEROPORTO
l'autobus
i segnali
il
lampione
il
locomotore
LA
STAZIONE
la fermata
l'autobus
la
pensilina
la
carrozza
il treno
il
marciapiede
i binari

A
1. il carrello porta-bagagli
2. il facchino
3. il passeggero
4. il bigliettaio
5. l'ufficio prenotazioni
6. gli armadietti per depositare i bagagli

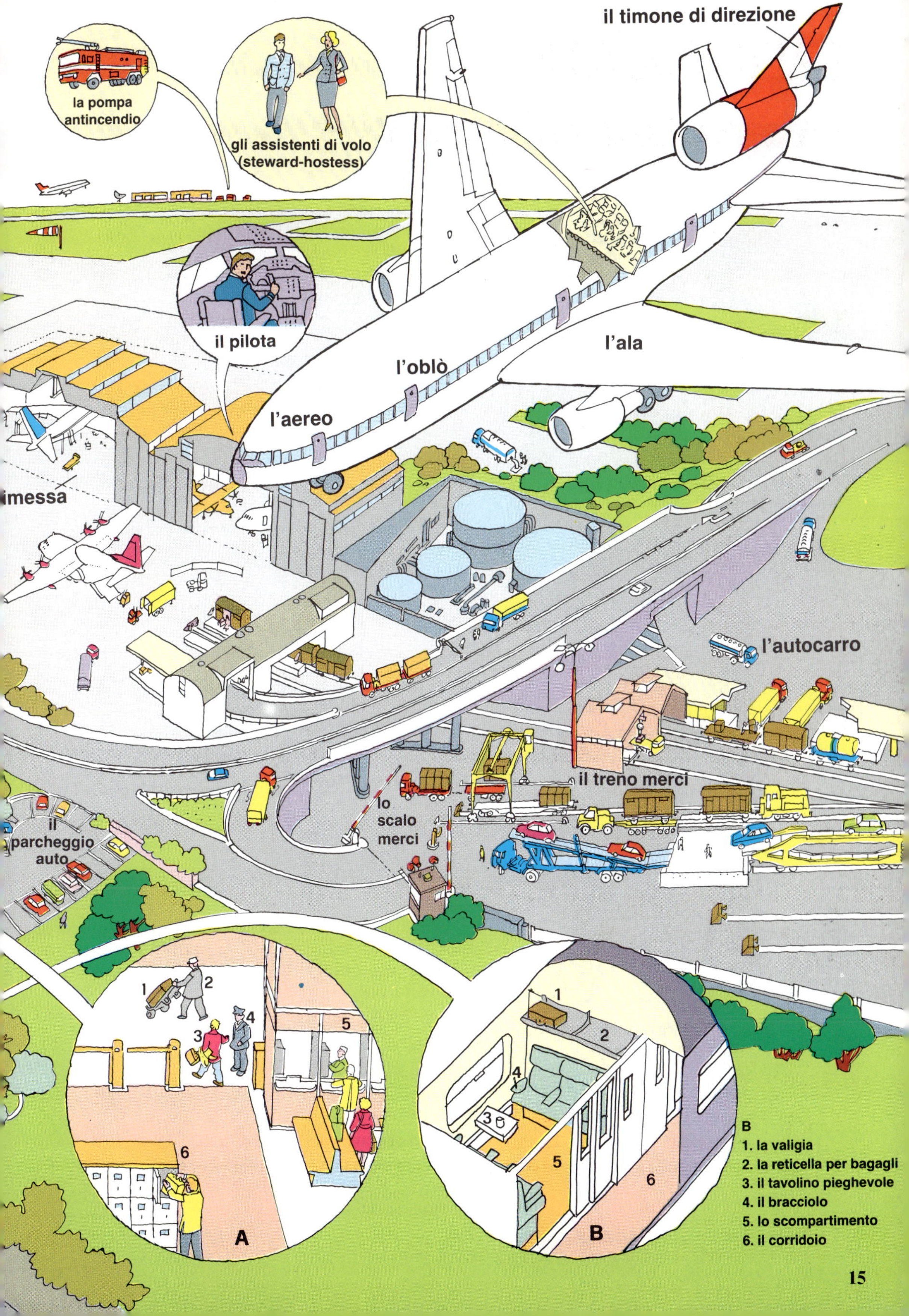
il timone di direzione
la pompa antincendio
gli assistenti di volo (steward-hostess)
il pilota
l'oblò
l'ala
l'aereo
imessa
l'autocarro
il treno merci
lo scalo merci
il parcheggio auto
1
2
3
4
5
6
A
1
2
3
4
5
6
B

B
1. la valigia
2. la reticella per bagagli
3. il tavolino pieghevole
4. il bracciolo
5. lo scompartimento
6. il corridoio

il passaporto

fare la
valigia

SAS
partire

arrivare

volare

atterrare

viaggiare

salutare

salire
scendere

# LE COLONNE MAGICHE

**Se troverai l'esatta soluzione delle colonne verticali, nella colonna orizzontale, segnata con un tratto più marcato, comparirà il nome di un tipo di treno.**

1. La stazione degli aerei
2. La tettoia lungo i binari
3. Una divisione dentro le carrozze dei treni
4. Insieme formano il treno
5. Un treno che non è per passeggeri
6. I viaggiatori dei mezzi pubblici
7. Vi atterra l'aereo
8. Il viaggio dell'aereo

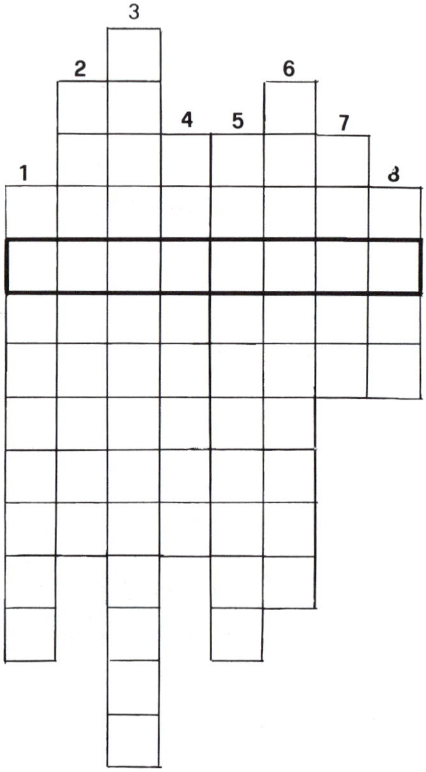
1
2
3
4
5
6
7
8

**Se troverai l'esatta soluzione delle colonne orizzontali, nella colonna verticale, segnata con un tratto più marcato, comparirà il nome delle rotaie su cui scorrono i treni.**

1. Il finestrino dell'aereo
2. Contiene gli indumenti di chi viaggia
3. Il contrario di salire
4. Il contrario di scendere
5. Il verbo di chi si mette in viaggio
6. Il verbo di chi termina il viaggio

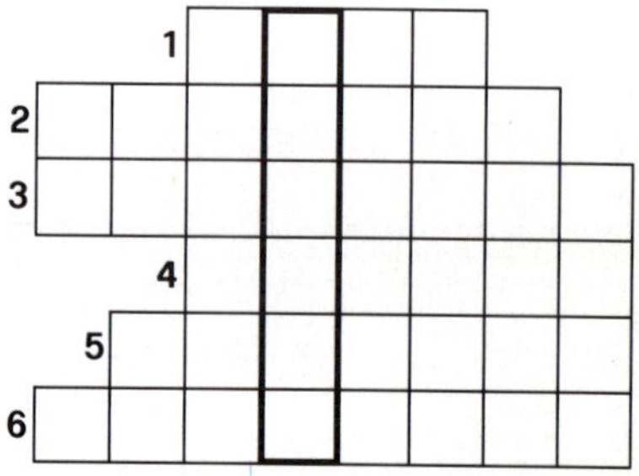
1
2
3
4
5
6

**Completa gli spazi vuoti con le parole corrispondenti ai disegni.**

Ho preparato la  _ _ _ _ _ _ _ _ _ e preso

il  _ _ _ _ _ _ _ _ _ _ _ _ _;poi prenderò

un  _ _ _ _ _ _ _ _ _ _ per andare fino

all'  _ _ _ _ _ _ _ _ _ _ _ _ _. Mi diverte

guardare attraverso gli  _ _ _ _

dell'  _ _ _ _ _ _ _ e

l'  _ _ _ _ _ _ _ _ _ _ è sempre gentile!

Mi piacerebbe essere un  _ _ _ _ _ _ _ _

o lavorare alla  _ _ _ _ _ _ _ _ _ _ _ _ _ _ _ _ _ _ _ _ _ _ _.

Oh no! Ho dimenticato il  _ _ _ _ _ _ _ _ _ _ _ _ _.

# IN VIAGGIO

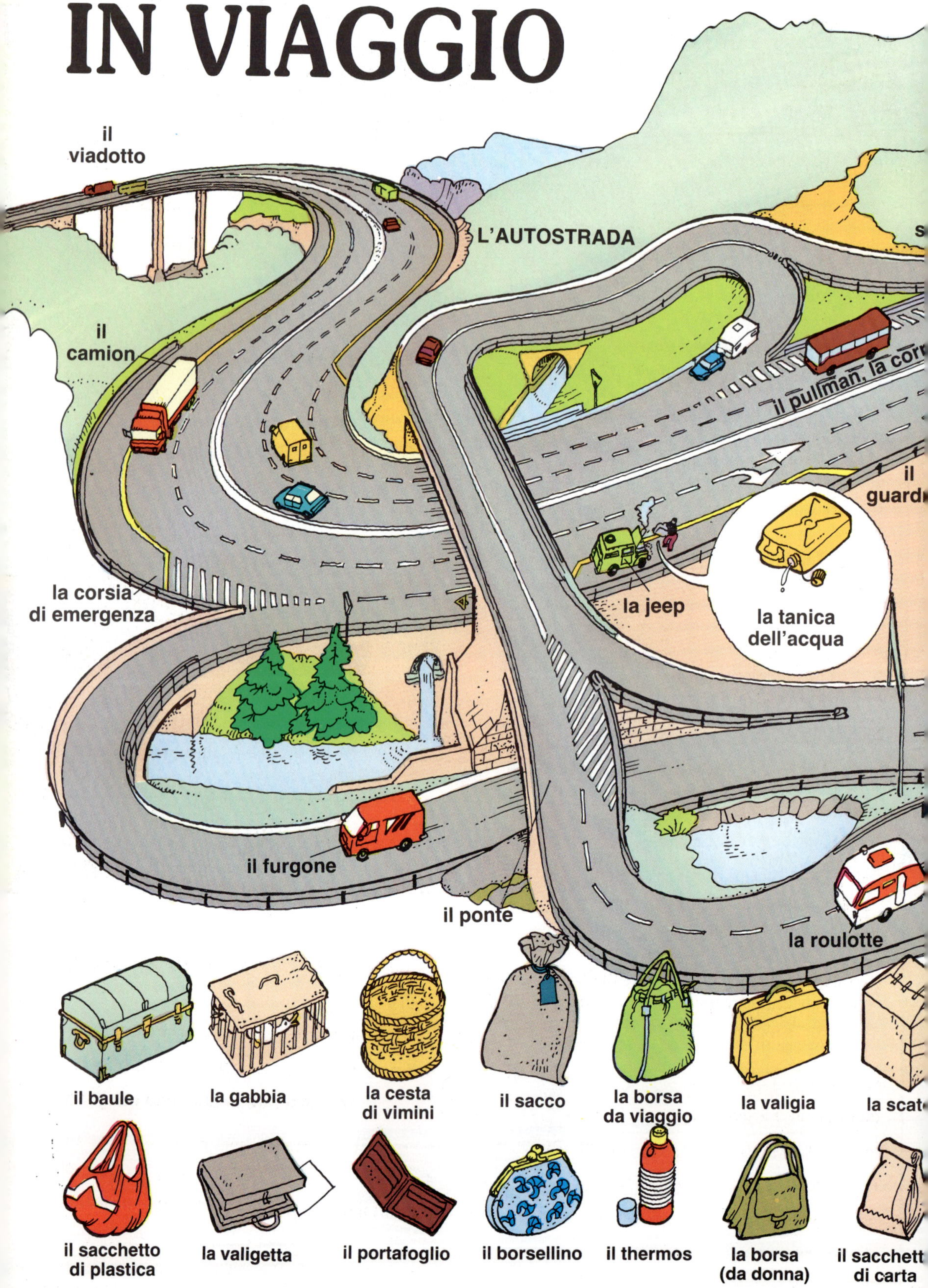
il viadotto
L'AUTOSTRADA
il camion
il pulman, la cor
il guard
la corsia di emergenza
la jeep
la tanica dell'acqua
il furgone
il ponte
la roulotte
il baule
la gabbia
la cesta di vimini
il sacco
la borsa da viaggio
la valigia
la scat
il sacchetto di plastica
la valigetta
il portafoglio
il borsellino
il thermos
la borsa (da donna)
il sacchett di carta

la frontiera
la dogana
l'autocisterna
ico
il segnale stradale
STOP
l'autoarticolato
camper
il casello autostradale
la moto
l'incrocio
STOP
l'autotreno con rimorchio
ettura

**Completa il seguente racconto, e inserisci al posto dei trattini le parole mancanti che avrai scelto tra quelle di questa pagina.**

Che gioia quando in famiglia si decide di fare tutti insieme un bel v _ _ _ _ _ _! Prepariamo con cura le nostre v _ _ _ _ _ _. Le carichiamo sulla nostra a _ _ _. Mio fratello ed io ci divertiamo a leggere i s _ _ _ _ _ _ s _ _ _ _ _ _ _ e ad osservare le auto che vengono in direzione opposta, al di là dello s _ _ _ _ _ _ _ _ _ _ _ _ _ _ _ _. Ci sono tanti mezzi pesanti: a _ _ _ _ _ _ _ _ _ _, a _ _ _ _ _ _ _ _ _ _ _ _ _, c _ _ _ _ _ e non mancano mai p _ _ _ _ _ _ pieni di turisti stranieri! Il tempo passa in fretta e ci divertiamo un mondo.

guidare

sorpassare

fare l'autostop

chiamare un taxi

prendere l'autobus

lento

veloce

**Nello schema sono inserite tutte le parole dell'elenco. Sono scritte in orizzontale, in verticale, in diagonale, nei due sensi. Cercale e cancellale. Le lettere rimaste danno il nome di una città italiana amata dai turisti.**

| | | | | | | | | |
|---|---|---|---|---|---|---|---|---|
| F | R | O | N | T | I | E | R | A |
| C | V | I | E | S | X | G | E | D |
| H | N | G | C | C | A | U | T | O |
| I | E | G | O | A | T | I | A | G |
| A | O | A | L | T | E | D | T | A |
| M | T | I | E | O | T | A | S | N |
| A | N | V | V | L | N | R | E | A |
| R | E | Z | I | A | O | E | C | A |
| E | L | U | A | B | P | E | E | J |

☐☐☐☐☐☐☐

- ☐ borsa
- ☐ veloce
- ☐ auto
- ☐ frontiera
- ☐ chiamare
- ☐ cesta
- ☐ scatola
- ☐ taxi
- ☐ viaggio
- ☐ dogana
- ☐ ponte
- ☐ baule
- ☐ lento
- ☐ guidare
- ☐ jeep

**Che cosa apparirà? Per saperlo unisci tra loro i punti numerati in successione. Ma... fai attenzione! Devi saltare alcuni numeri. Quali? Quelli che si riferiscono a parole che non sono illustrate.**

1. roulotte
2. borsellino
3. portafoglio
4. thermos
5. viadotto
6. guardrail
7. sacco
8. camper
9. ponte
10. jeep
11. casello
12. cestino
13. gabbia
14. sacchetto
15. segnale
16. valigia
17. borsetta
18. autocisterna
19. autovettura
20. rimorchio
21. baule
22. moto
23. incrocio
24. camion
25. corriera

# LA GENTE AL LAVORO

il cuoco
la lattaia
l'operatrice di computer
il tecnico TV
la baby-sitter
la cameriera
la cassiera
il barista
il portalettere
la segretaria
il direttore
la dattilografa
il tassista
il facchino
il vig
urba
il giardinier
l'impiegato
il fattorino
la centralinista
l'elettricista

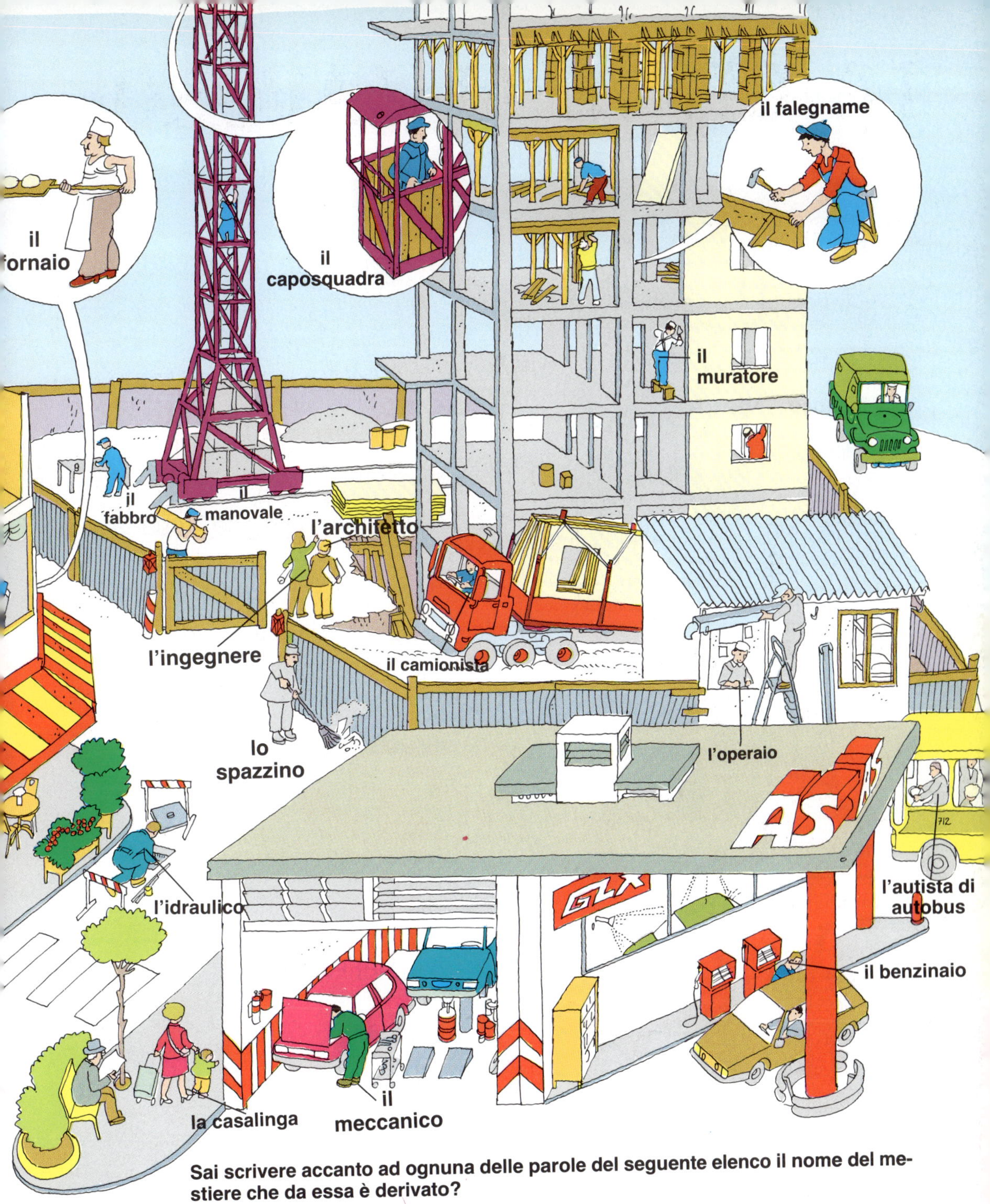

il fornaio
il caposquadra
il falegname
il muratore
il fabbro
il manovale
l'architetto
l'ingegnere
il camionista
lo spazzino
l'operaio
l'autista di autobus
l'idraulico
il benzinaio
la casalinga
il meccanico


**Sai scrivere accanto ad ognuna delle parole del seguente elenco il nome del mestiere che da essa è derivato?**

| | | | |
|---|---|---|---|
| BAR | _ _ _ _ _ _ _ _ _ | FORNO | _ _ _ _ _ _ _ _ _ |
| CUOCERE | _ _ _ _ _ _ | MANO | _ _ _ _ _ _ _ _ _ _ |
| MURO | _ _ _ _ _ _ _ _ _ _ | LEGNO | _ _ _ _ _ _ _ _ _ _ _ |
| TAXI | _ _ _ _ _ _ _ _ _ _ | AUTO | _ _ _ _ _ _ _ _ _ |
| LATTE | _ _ _ _ _ _ _ _ _ | BENZINA | _ _ _ _ _ _ _ _ _ _ _ |
| CASA | _ _ _ _ _ _ _ _ _ _ _ _ | CASSA | _ _ _ _ _ _ _ _ _ _ |

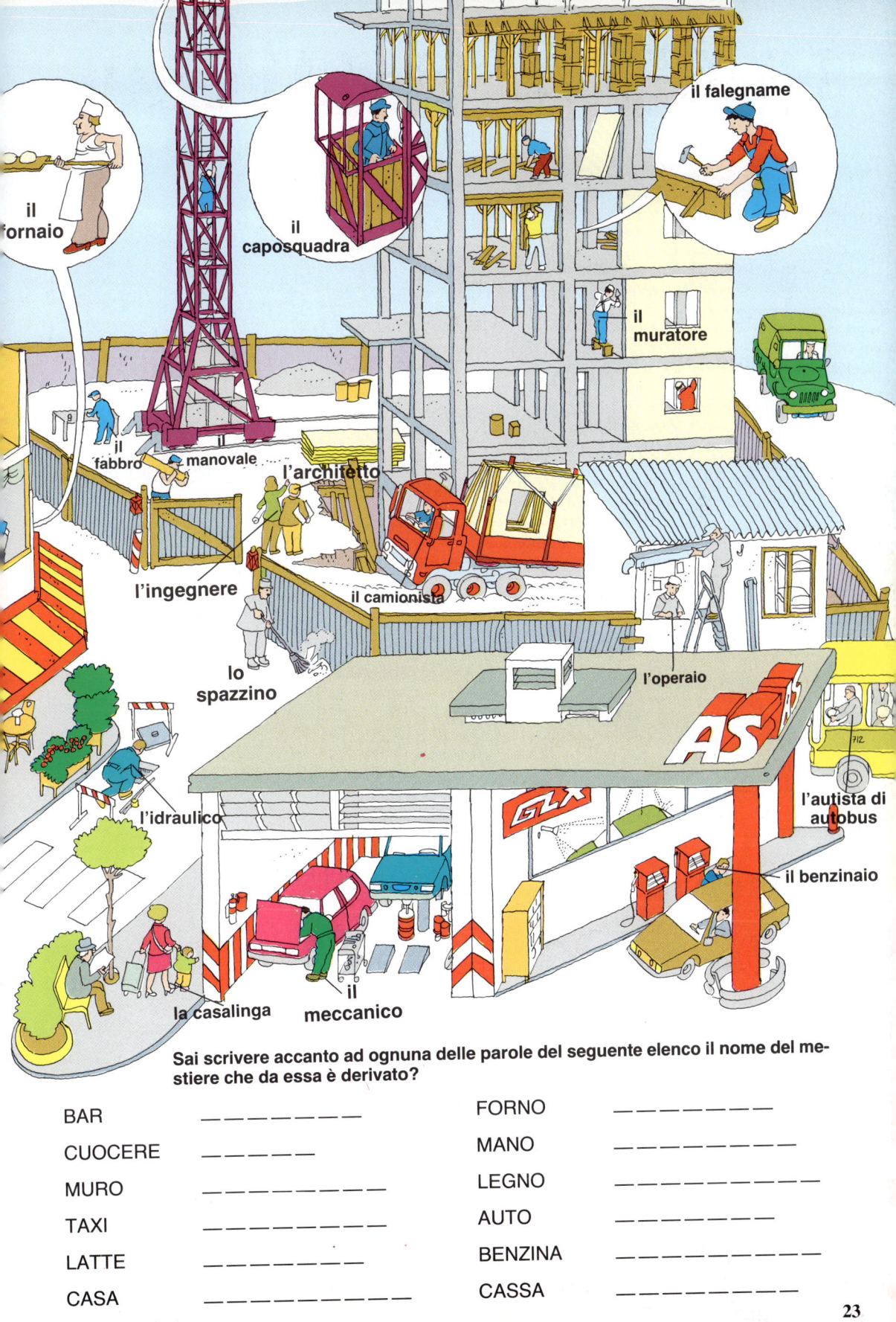

lavorare

portare

dirigere
il traffico

progettare

vendere

comprare

controllare/
aggiustare

fare
rifornimento

tirare

spingere

**Completa il dialogo, inserendo al posto giusto le battute elencate in disordine nel riquadro qui sotto.**

*Paolo:* Che mestiere fa tuo padre?

*Carlo:* .................................... .................................... ?

*Paolo:* Il mio lavora in una stazione di servizio.

*Carlo:* ....................................................................................

*Paolo:* Sì, ma non gli piace il suo lavoro.

*Carlo:* .................................................................................. ?

*Paolo:* Gli piace molto viaggiare...

*Carlo:* ....................................................................................

*Paolo:* Sarebbe bello!

*Carlo:* .................................................................................. ?

*Paolo:* La mamma fa la casalinga.

*Carlo:* ....................................................................................

*Paolo:* Fa la dattilografa?

*Carlo:* ....................................................................................

*Paolo:* È un bel lavoro!

*Carlo:* ....................................................................................

---

Sì, proprio un bel lavoro./Potrebbe fare l'autista./La mia invece scrive a macchina./Che cosa vorrebbe fare?/Sì, in un ufficio./L'architetto. E il tuo?/E tua madre?/Allora fa il benzinaio.

---

# TUTTI AL LAVORO

**Partendo da una casella col nome di un mestiere, raggiungi quella con l'oggetto ad esso relativo. Passerai attraverso delle lettere che, alla fine del percorso, ti daranno l'azione che ciascun lavoratore compie abitualmente.**

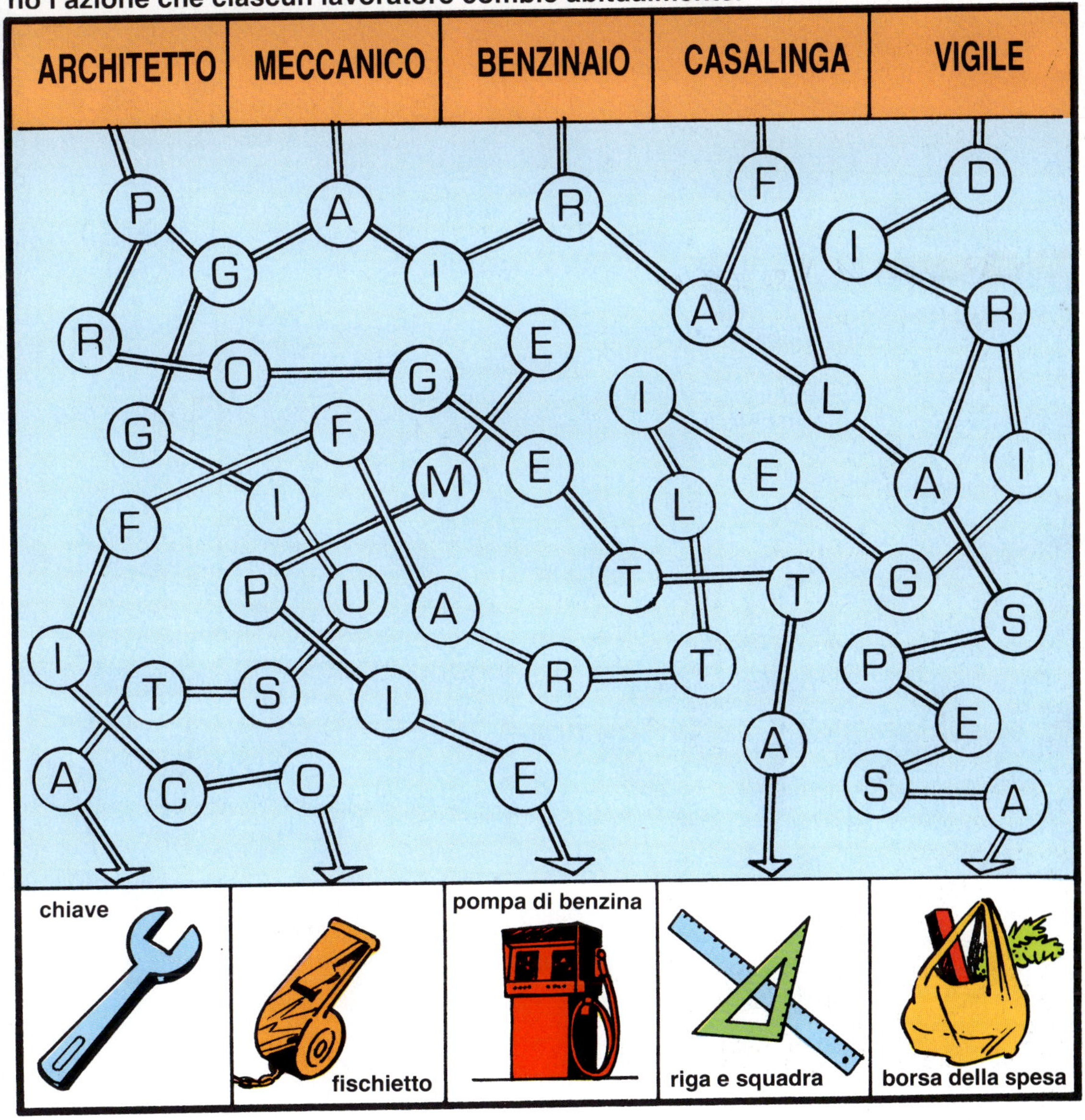
ARCHITETTO
MECCANICO
BENZINAIO
CASALINGA
VIGILE
chiave
fischietto
pompa di benzina
riga e squadra
borsa della spesa

**Ora completa le seguenti frasi usando le espressioni del labirinto:**

1) L'architetto P_ _ _ _ _ _ _ _ _ un ponte e usa R_ _ _ _ e S_ _ _ _ _ _ _ _.

2) Il meccanico A_ _ _ _ _ _ _ _ _ un guasto al motore con la C_ _ _ _ _ _.

3) Il benzinaio R_ _ _ _ _ _ _ _ il serbatoio di B_ _ _ _ _ _ _ usando la P_ _ _ _.

4) La casalinga F_ _ _ _ S_ _ _ _ al supermercato e la mette nella B_ _ _ _ _.

5) Il vigile D_ _ _ _ _ _ il T_ _ _ _ _ _ _ _ della città e usa il F_ _ _ _ _ _ _ _ _ _ _.

# LE ABITAZIONI E GLI AMBIENTI

il grattacielo
il ranch
il villino di campagna
il palazzo antico
l'attico o la mansarda
la terrazza
i piani
il palazzo moderno
l'appartamento
il balcone
la villa
la piscin

la montagna
il castello
il bosco
il motel
la baita
campagna
la fattoria
l'albergo
il laghetto
il giardino pensile
la veranda
il garage
la tettoia
il camper
la roulotte

**Osserva le illustrazioni di questa pagina. Ora inserisci negli appositi spazi i nomi rispondenti alle definizioni:**

1. Rifugio di montagna _ _ _ _ _
2. Grande casa di campagna _ _ _ _ _ _ _ _
3. Antica abitazione fortificata _ _ _ _ _ _ _ _
4. Abitazione tra l'ultimo piano e il tetto _ _ _ _ _ _ _ _
5. Abitazione in città a più piani _ _ _ _ _ _ _
6. Casa trasportabile _ _ _ _ _ _ _ _

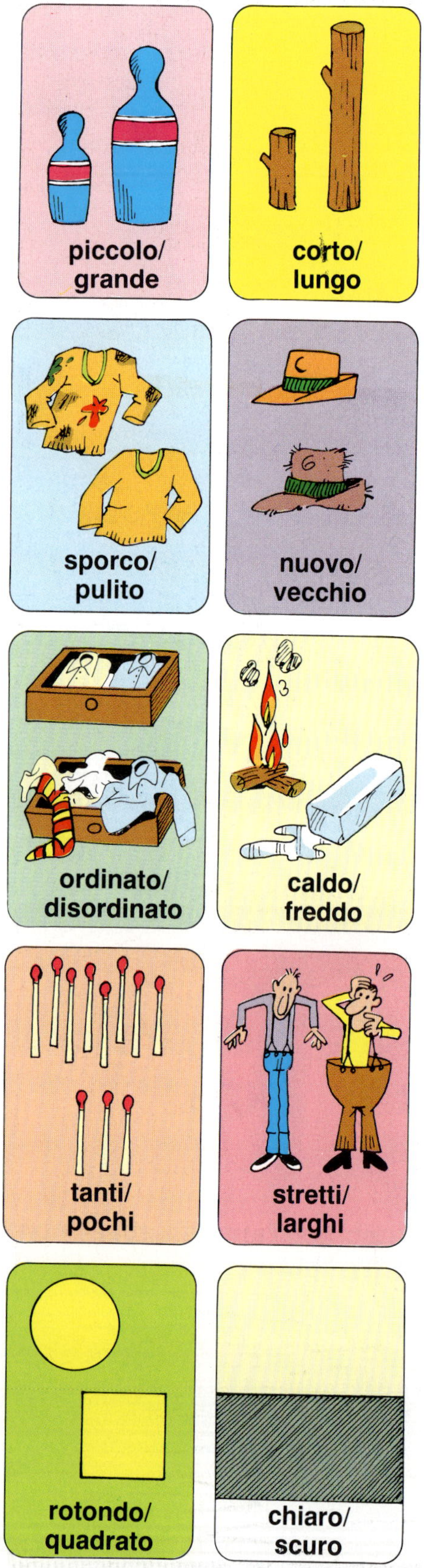
piccolo/
grande
corto/
lungo
sporco/
pulito
nuovo/
vecchio
ordinato/
disordinato
caldo/
freddo
tanti/
pochi
stretti/
larghi
rotondo/
quadrato
chiaro/
scuro

**Completa le seguenti frasi. Sottolinea l'aggettivo giusto e cancella quello sbagliato.**

1. La mia casa è **nuova/vecchia**: è stata costruita da poco.
2. Abbiamo una **grande/piccola** piscina, solo per noi bambini.
3. Mia sorella non tiene in ordine i suoi giocattoli: la sua stanza è **ordinata/disordinata**.
4. L'albergo in cui siamo è molto **pulito/sporco**, tutti i clienti sono contenti.
5. Mi piace molto leggere, in vacanza porto sempre con me **tanti/pochi** libri.
6. Il tavolo della nostra cucina è **rotondo/quadrato**, ha quattro lati.
7. Abbiamo viaggiato per dieci ore, il nostro è stato un **lungo/corto** viaggio.
8. La mia camera è **calda/fredda**, c'è sempre il sole.
9. Il garage della nostra casa è **largo/stretto**, ci entrano quattro auto.
10. Paolo è biondo, i suoi capelli sono **chiari/scuri**.

**Completa le parole aggiungendo le lettere mancanti, al posto dei trattini. Annerisci gli spazi in basso solo se i numeri che li distinguono corrispondono ai nomi delle figure qui a fianco:**

1. TERRAZZO
2. P _ L _ Z _ O
3. C _ M _ E _
4. R _ F _ G _ O
5. P _ S _ I _ A
6. L _ G _ E _ T _
7. C _ S _ E _ L _
8. G _ R _ G _
9. G _ A _ D _ N _
10. F _ T _ O R _ A
11. M _ T _ L
12. T _ T _ O _ A
13. B _ S _ O
14. G _ A _ T _ C _ E _ O

# LA CASA

la spugna
la tazza e il piattino
LA CUCINA
la credenza
il frigorifero
la cucina a gas
il lavandino
IL SALOTTO
il quadro
il caminetto
la poltrona
la tenda
il televisore
la lampada
il tavolo
la sedia
la libreria
il pianoforte
IL GIARDINO


**Metti le parole elencate sotto al nome dell'ambiente in cui si trovano nella casa della figura:**

☐ spugna ☐ frigorifero ☐ poltrona ☐ scale ☐ doccia ☐ pianta ☐ pettine ☐ caminetto ☐ armadio ☐ gradini ☐ lavandino ☐ letto ☐ quadro ☐ comodino ☐ corridoio ☐ zerbino ☐ vasca ☐ garage

| CUCINA | ENTRATA |
|---|---|
| ............................ | ............................ |
| ............................ | ............................ |
| ............................ | ............................ |

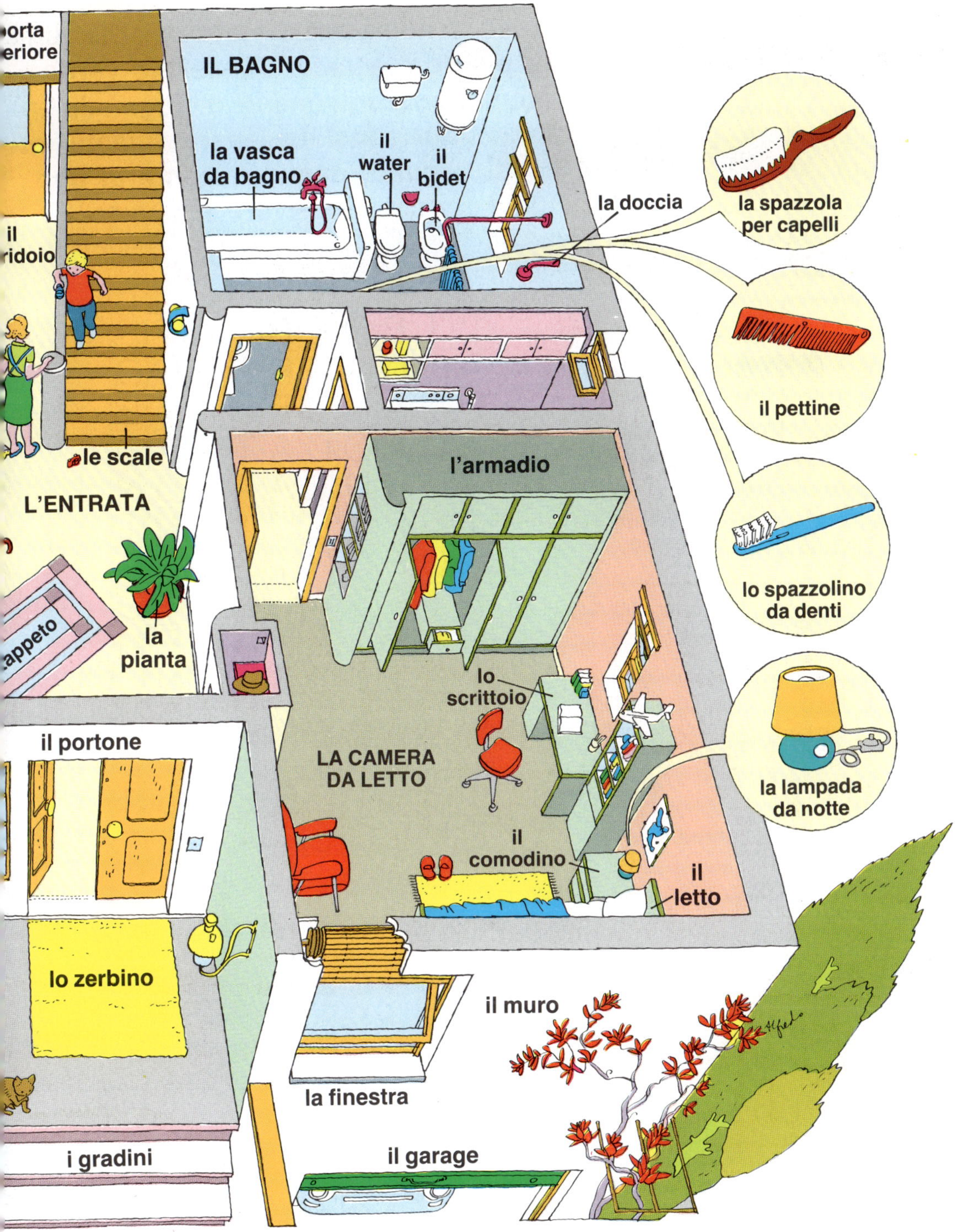

orta
eriore
IL BAGNO
la vasca
da bagno
il
water
il
bidet
la doccia
la spazzola
per capelli
il
ridoio
il pettine
le scale
L'ENTRATA
l'armadio
lo spazzolino
da denti
appeto
la
pianta
lo
scrittoio
il portone
LA CAMERA
DA LETTO
la lampada
da notte
il
comodino
il
letto
lo zerbino
il muro
la finestra
i gradini
il garage


| ESTERNO | BAGNO | CAMERA DA LETTO | SALOTTO |
|---|---|---|---|
| .............................. | .............................. | .............................. | .............................. |
| .............................. | .............................. | .............................. | .............................. |
| .............................. | .............................. | .............................. | .............................. |

il tetto

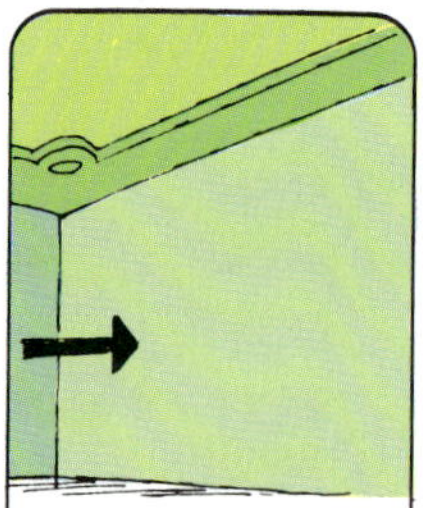

la parete

il pavimento

le finestre

la porta

suonare il campanello

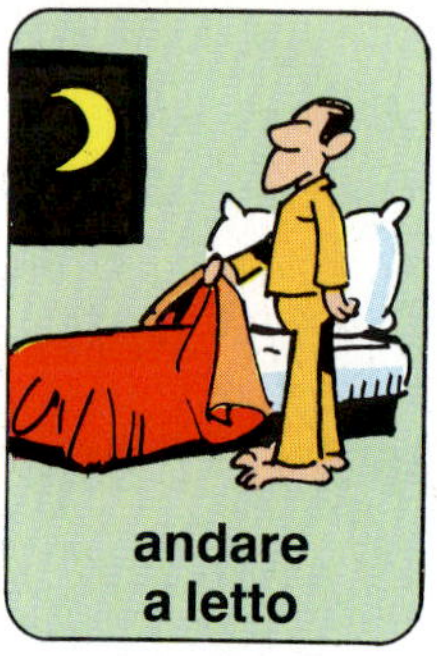

andare a letto

svegliarsi

alzarsi

lavarsi

**Nello schema sono state inserite tutte le parole elencate. Cancellale verticalmente, orizzontalmente o diagonalmente, nei due sensi. Le lettere rimaste, lette di seguito, danno il nome di una... casa per chi ama vivere all'aperto.**

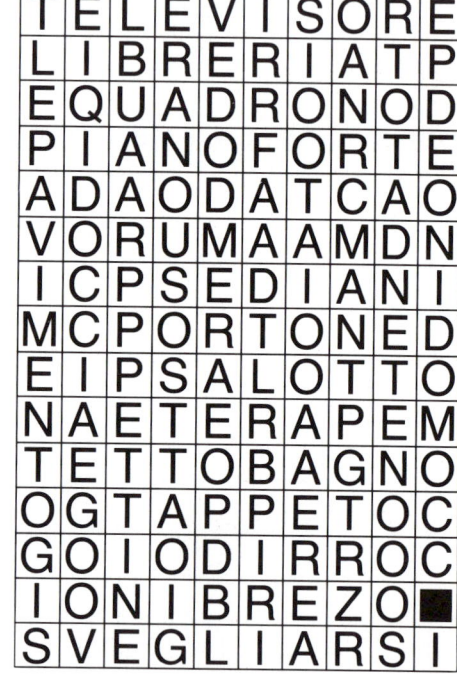

| | | | | | | | | | |
|---|---|---|---|---|---|---|---|---|---|
| T | E | L | E | V | I | S | O | R | E |
| L | I | B | R | E | R | I | A | T | P |
| E | Q | U | A | D | R | O | N | O | D |
| P | I | A | N | O | F | O | R | T | E |
| A | D | A | O | D | A | T | C | A | O |
| V | O | R | U | M | A | A | M | D | N |
| I | C | P | S | E | D | I | A | N | I |
| M | C | P | O | R | T | O | N | E | D |
| E | I | P | S | A | L | O | T | T | O |
| N | A | E | T | E | R | A | P | E | M |
| T | E | T | T | O | B | A | G | N | O |
| O | G | T | A | P | P | E | T | O | C |
| G | O | I | O | D | I | R | R | O | C |
| I | O | N | I | B | R | E | Z | O | ■ |
| S | V | E | G | L | I | A | R | S | I |

- ☐ pavimento
- ☐ pianoforte
- ☐ porta
- ☐ suonare
- ☐ tetto
- ☐ letto
- ☐ pettine
- ☐ sedia
- ☐ muro
- ☐ parete
- ☐ libreria
- ☐ corridoio
- ☐ salotto
- ☐ bagno
- ☐ tappeto
- ☐ tenda
- ☐ televisore
- ☐ zerbino
- ☐ comodino
- ☐ doccia
- ☐ quadro
- ☐ svegliarsi
- ☐ portone

_ _ _ _ _   _ _   _ _ _ _ _ _ _ _ _ _

Cerca i cinque oggetti disegnati qui sopra: sono nascosti nell'illustrazione. Completa poi le frasi in modo da descrivere la posizione degli oggetti ritrovati.

1. La _ _ _ _ _ _ _ _ è sotto il t _ _ _ _ _ _ _ _ _ _ _.
2. La _ _ _ _ _ _ è vicino alla f _ _ _ _ _ _ _ _ _.
3. Il _ _ _ _ _ _ _ _ è sopra la t _ _ _ _.
4. La _ _ _ _ _ _ _ _ _ _ è tra la p _ _ _ _ _ _ e il t _ _ _ _ _ _ _ _ _ _ _.
5. Lo _ _ _ _ _ _ _ _ _ _ _ _ è sotto il d _ _ _ _ _ _.

# IL SELF-SERVICE

i piatti
il coltello
il cucchiaino
il cucchiaio
la forchetta
i bicchieri
la lattina
la cassa
le banconote
i soldi
le monete
il pane

la frutta
la lista
delle vivande
le
bibite
la fila
di persone
la cassiera
il tavolo
la sedia
la tovaglia

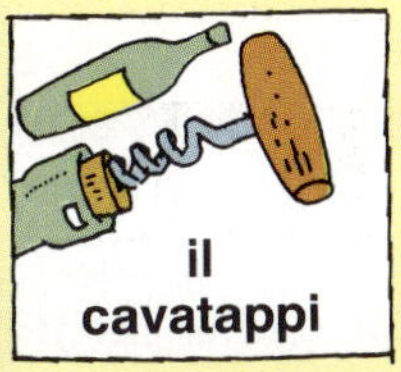
il cavatappi

il cuoco
le vivande
il vassoio
il cliente
il cameriere
la cameriera

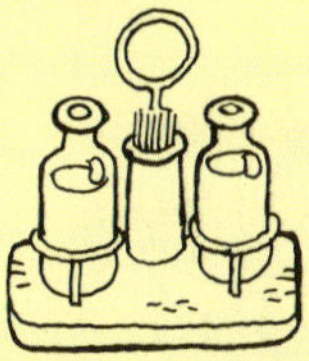

l'olio e l'aceto

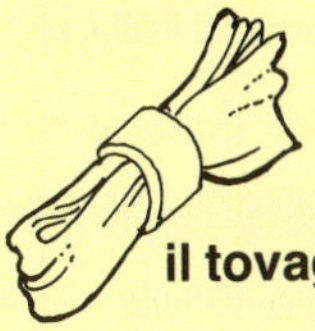

il tovagliolo

la frutta

la macedonia di frutta

il dolce

il caffè

**Sai utilizzare i vocaboli di questa pagina? Prova a completare con le parole adatte il breve raccontino qui sotto.**

Ieri, per la prima volta, sono stato a mangiare in un self-service con i miei genitori. C'erano molti c _ _ _ _ _ _ _ e abbiamo dovuto fare una lunga f _ _ _. Mio padre si è fermato alla c _ _ _ _ per prendere lo scontrino. Poi ognuno di noi ha preso il suo v _ _ _ _ _ _ _. Abbiamo scelto le v _ _ _ _ _ _ _ che preferivamo e ci siamo seduti ad un t _ _ _ _ _ per mangiare.

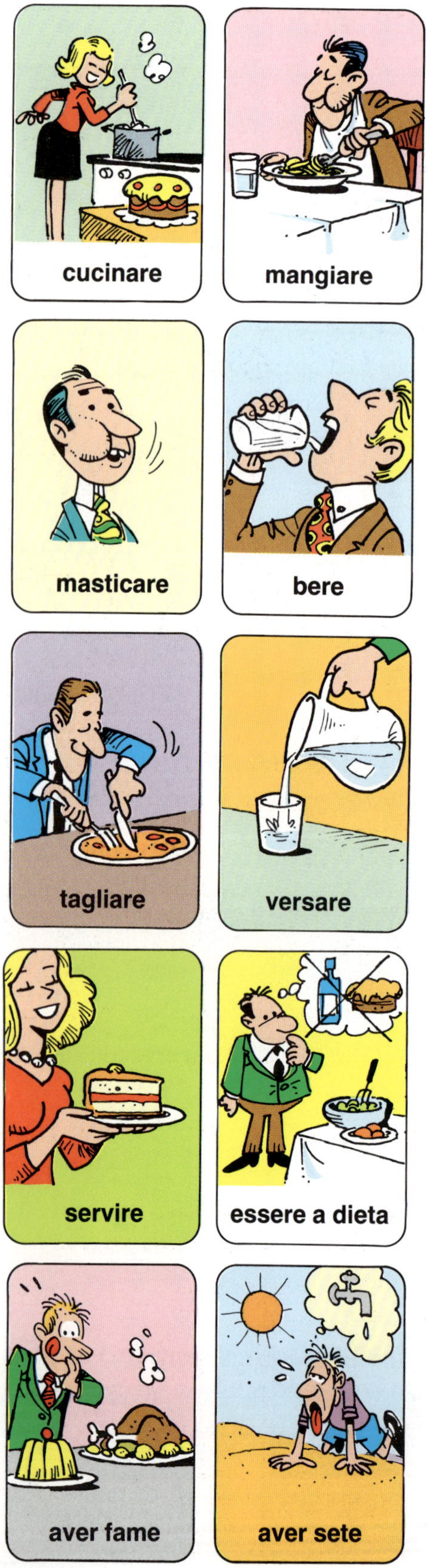
cucinare
mangiare
masticare
bere
tagliare
versare
servire
essere a dieta
aver fame
aver sete

**Piero vuole descrivere alla sorellina che non sa ancora leggere, quello che vede nella scena del Self-service. Non sempre, però, le sue parole dicono la verità. Confronta le sue frasi con la scena della pagina precedente e segna con una crocetta se dice il vero o il falso.**

| | VERO | FALSO |
|---|---|---|
| 1. Quattro persone siedono al tavolo | ☐ | ☐ |
| 2. La cameriera serve cibi ben caldi | ☐ | ☐ |
| 3. La signora seduta al tavolo ha sete | ☐ | ☐ |
| 4. Sul banco ci sono frutta e bibite | ☐ | ☐ |
| 5. Sul tavolo mancano la tovaglia e il tovagliolo | ☐ | ☐ |
| 6. Il signore con gli occhiali ha fame e chiama il cameriere | ☐ | ☐ |
| 7. Sul vassoio c'è una fetta di dolce | ☐ | ☐ |
| 8. Un ragazzo paga il conto alla cassa | ☐ | ☐ |
| 9. Il cuoco cucina i cibi | ☐ | ☐ |
| 10. Un bambino e suo padre consultano la lista delle vivande | ☐ | ☐ |
| 11. La cassiera è uscita | ☐ | ☐ |
| 12. Il cameriere apre la bottiglia col cavatappi | ☐ | ☐ |

**Nella vignetta a destra mancano 10 particolari che sono invece presenti in quella di sinistra. Quali?**

la C□□□□

il P□□□

l' O□□□ e l' A□□□□

il B□□□□□□□□

il C□□□□□□□

il C□□□□□□□□

la L□□□□

il T□□□□□□□□□

il C□□□□□□□□

la F□□□□□□□□

# IL SUPERMERCATO

il furgone
il portafoglio
i soldi
l'entrata
l'uscita
i contenitori
il carrello
la carne
le bevande
il sacchetto

il prezzo
₤ 5·800
il venditore
la
ancia
klup
gli
scaffali
il banco
le
bottiglie
la frutta e
gli ortaggi
la
borsa
i surgelati
i barattoli
di conserva
i clienti
la
cassiera

**Dopo aver appreso i significati delle varie parole illustrate rispondi alle domande e aggiungi le preposizioni o gli articoli.**

1. Dove mette i soldi tuo padre? ..................................................
2. E la cassiera? ..................................................
3. Dove sono sistemati gli alimenti al supermercato? ..................................................
4. Dove li mettono i clienti prima di andare alla cassa? ..................................................
5. ...e dopo aver pagato? ..................................................

la panetteria

la pasticceria

il fruttivendolo

la pescheria

la macelleria

il fioraio

l'edicola

la farmacia

il negozio di abbigliamento

la libreria

**Cerca tra le parole della seconda colonna quelle che hanno un significato simile alle parole della prima e uniscile con una linea.**
***Es.: 1-D***

| | |
|---|---|
| 1. Verdura | A. Negoziante |
| 2. Borsa | B. Contenitore |
| 3. Bevanda | C. Alimenti |
| 4. Venditore | D. Ortaggi |
| 5. Portafoglio | E. Sacchetto |
| 6. Cliente | F. Costo |
| 7. Prezzo | G. Bibita |
| 8. Barattolo | H. Portamonete |
| 9. Cibi | I. Denaro |
| 10. Soldi | L. Acquirente |

**Inserisci nello schema i nomi rispondenti alle definizioni. La colonna con l'asterisco dà il nome del negozio dove si vendono cose da mangiare.**

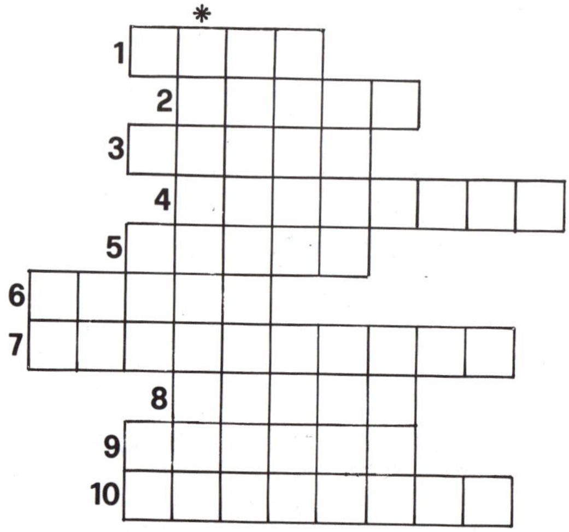


1. Lo cuoce il fornaio
2. Si tengono nella libreria
3. Lo sono rose e margherite
4. Si acquistano in farmacia
5. Vive nell'acqua
6. La vende il macellaio
7. Si acquistano in pasticceria
8. Si acquistano al negozio di abbigliamento
9. Lo sono mele e banane
10. Si vendono in edicola

Sei capace di uscire dal supermercato?
Inizia dall'entrata, scegli la linea corrispondente al nome dell'oggetto disegnato in ogni spazio e seguila.

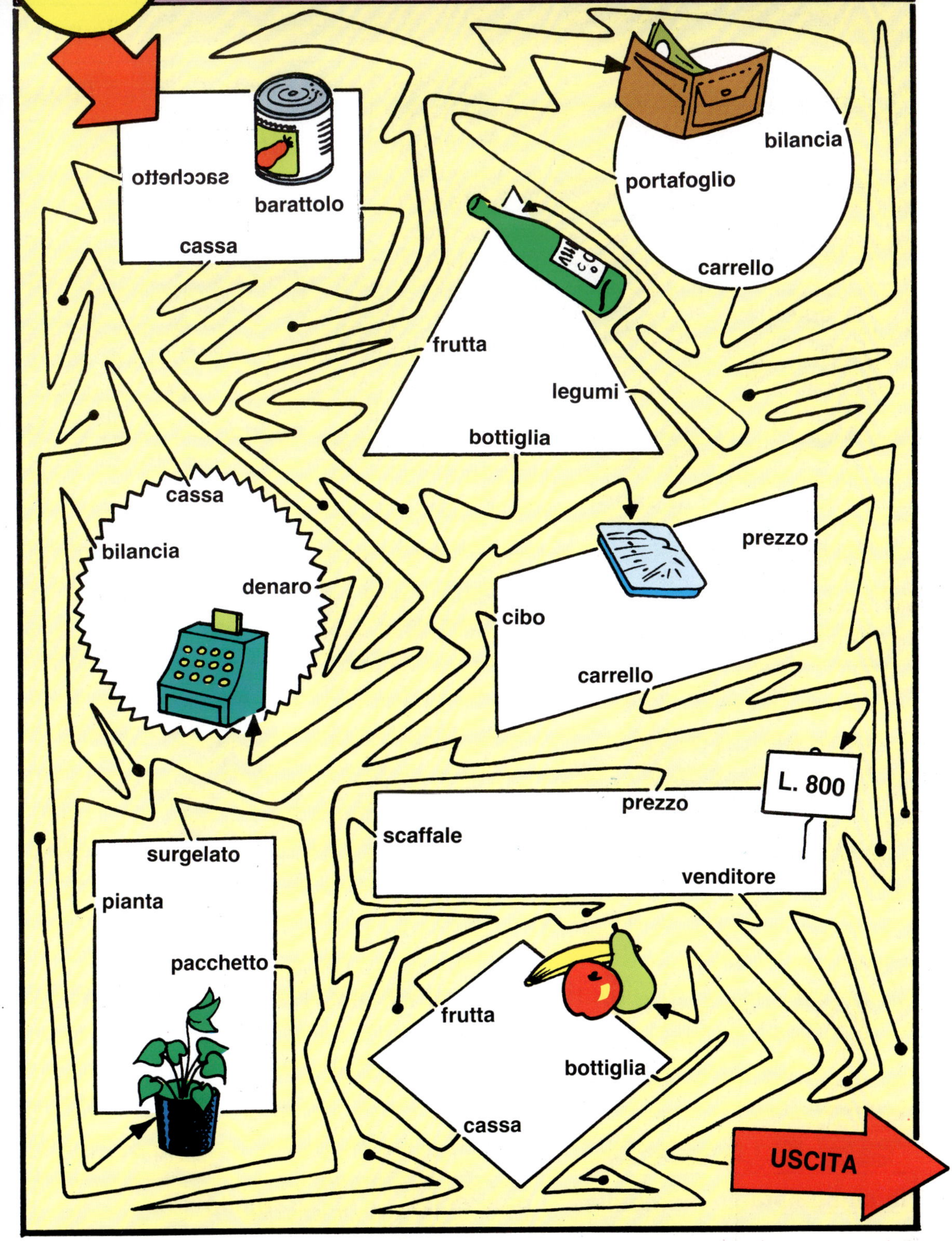

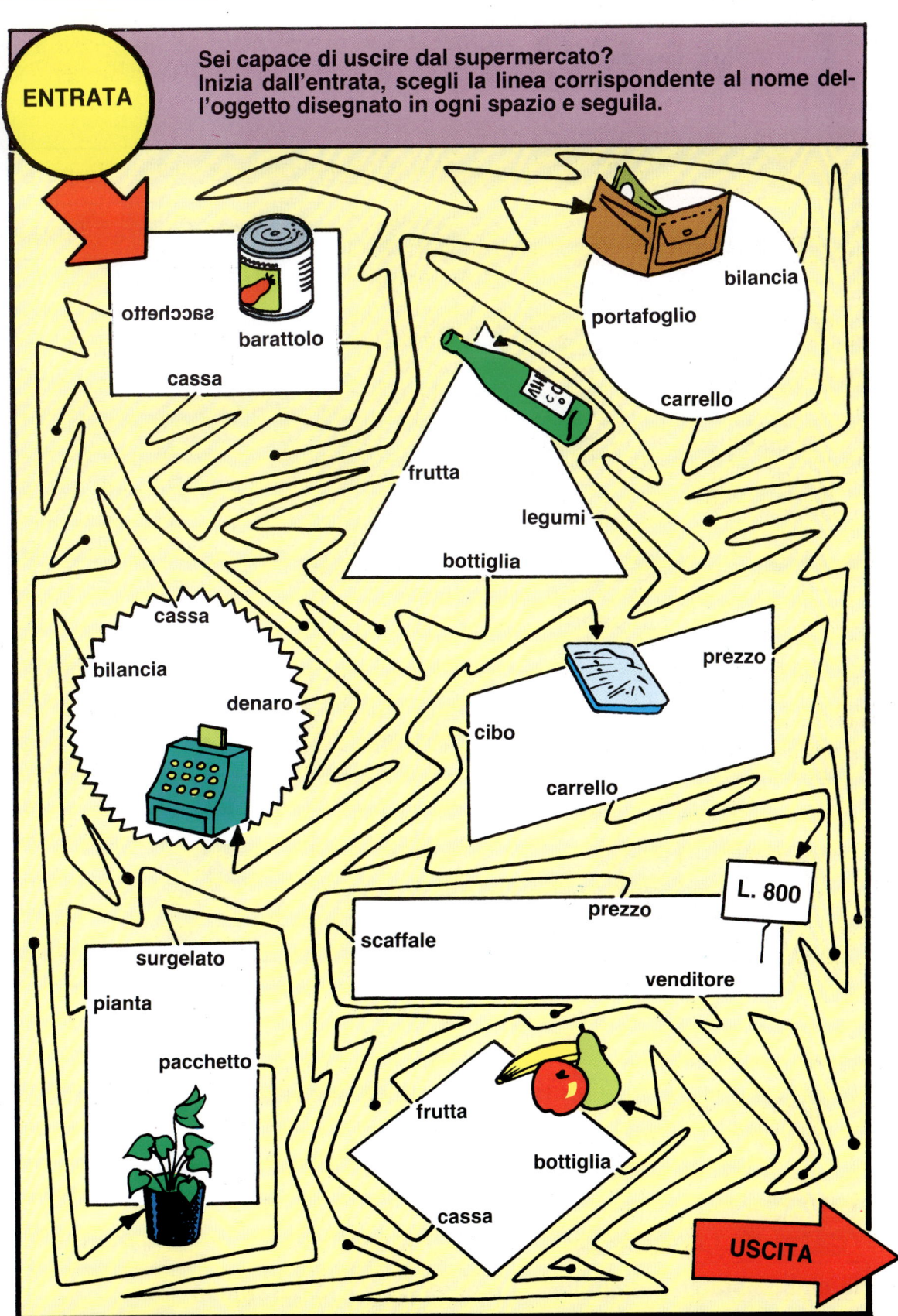

# IL MERCATO

le mele
le pèsche
i limoni
le fragole
le ciliegie
le arance
i fichi
le pere
l'uva
le castagne
il melone
il cocomero
le banane
l'ananas
il gelato
il pane
la torta
i cioccolatini
i canditi
la marmellata
la cioccolata
le ciambelle
i pasticcini
le caramelle

la lattuga
le carote
i pomodori
le cipolle
le zucchine
i peperoni
le patate
i finocchi
l'aglio
i piselli
le melanzane
la zucca
i cavoli
i fagiolini
le sogliole
i polpi
le anguille
il prosciutto
i gamberi
le seppie
il pesce
il salame
la mortadella
le salsicce

**In ognuno dei seguenti gruppi di parole ce n'è una fuori posto: trovala, sottolineala e scrivila nello spazio apposito accanto al gruppo a cui appartiene.**

1. FRUTTA: mele, pèsche, canditi, uva, banane ..............................

2. PESCE: sogliole, seppie, anguille, polpi, cavoli ..............................

3. VERDURA: lattuga, gamberi, fagiolini, peperoni, finocchi ..............................

4. DOLCIUMI: caramelle, torta, melone, gelato, cioccolata ..............................

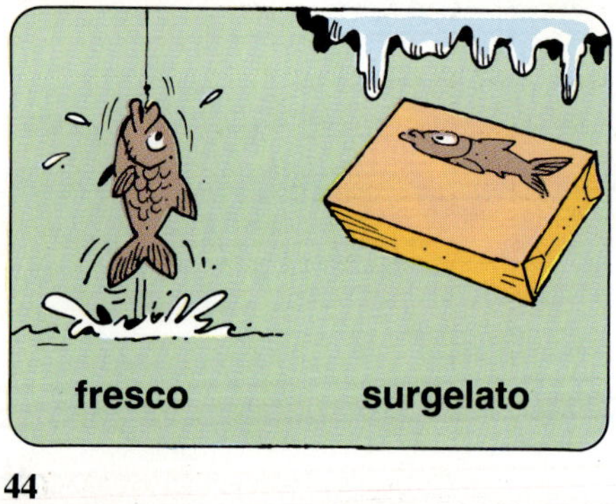


# QUAL È LA RISPOSTA GIUSTA?

**1. È un sinonimo di dare:**
☐ a) incartare
☐ b) pagare
☐ c) regalare

**2. Può essere fresco o surgelato:**
☐ a) il candito
☐ b) il pesce
☐ c) il pane

**3. Viene pesato dal venditore:**
☐ a) il gelato
☐ b) il salame
☐ c) l'aglio

**4. È agro e di colore giallo:**
☐ a) il limone
☐ b) il cioccolatino
☐ c) il pane

**5. Viene venduto incartato:**
☐ a) il cocomero
☐ b) il gelato
☐ c) il prosciutto

**6. È dolce:**
☐ a) il gambero
☐ b) la marmellata
☐ c) la cipolla

**7. È un ortaggio:**
☐ a) la caramella
☐ b) la lattuga
☐ c) l'uva

**8. Li vende il pescivendolo:**
☐ a) i gamberi
☐ b) i piselli
☐ c) i finocchi

**9. È un frutto tropicale:**
☐ a) il fico
☐ b) la mela
☐ c) l'ananas

**10. È il contrario di costoso:**
☐ a) fresco
☐ b) economico
☐ c) poco

**Inserisci nello schema i nomi delle figure secondo l'ordine indicato dai numeri.**

# TUTTI IN CLASSE

LA CLASSE
la carta geografica
l'attaccapanni
il bidello
il calendario
i libri
i solidi
la lavagna
lo scaffale libreria
il vocabolario
il cestino per la carta
la lavagna luminosa
l'alun
la penna
i gessetti
il maestro
la sedia
la spugna per cancellare
la cattedra

il cartellone
il globo
il quaderno
il diario
la matita
i banchi
la cartella

**Completa la storia con le parole adatte scelte tra quelle illustrate in questa pagina.**

Oggi è il primo giorno di scuola. Paolo è accolto dal _ _ _ _ _ _ _ _ che fa entrare gli _ _ _ _ _ _. Il maestro siede sulla _ _ _ _ _ _ _ _ _. Seduto sul suo _ _ _ _ _, Paolo apre la _ _ _ _ _ _ _ _ _ e tira fuori il _ _ _ _ _ _ _ _ _ tutto nuovo. Il maestro ha appeso il cap-potto sull'_ _ _ _ _ _ _ _ _ _ _ _ _ _. Il _ _ _ _ _ _ _ _ _ _ _ segna la data del 12 settembre. Paolo potrà annotare i compiti nel _ _ _ _ _ _. Utilizzerà il suo _ _ _ _ _ _ _ _ _ _ _ _ per cercare le parole difficili. La _ _ _ _ _ _ _ _ _ _ _ _ _ _ _ _ e il _ _ _ _ _ lo aiuteranno a studiare la geografia.

leggere

scrivere

parlare

pensare

ascoltare

studiare

guardare

disegnare

facile

difficile

# IL CRUCINTARSIO

**Parti dalle parole già stampate e inserisci nello schema tutte quelle elencate, in base alla loro lunghezza.**

**4 lettere**

- ☐ aula

**5 lettere**

- ☐ globo
- ☐ penna
- ☐ sedia
- ☐ banco
- ☐ libro

**6 lettere**

- ☐ diario
- ☐ facile
- ☐ alunno

**7 lettere**

- ☐ lavagna
- ☐ bidello

**8 lettere**

- ☐ guardare
- ☐ cartella

**9 lettere**

- ☐ disegnare
- ☐ ascoltare

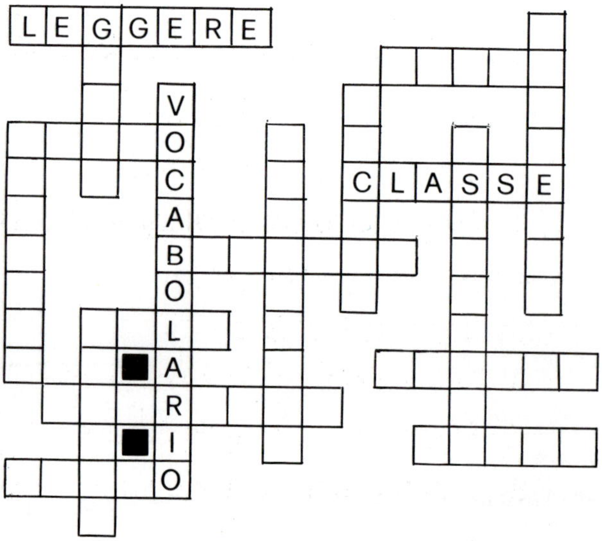

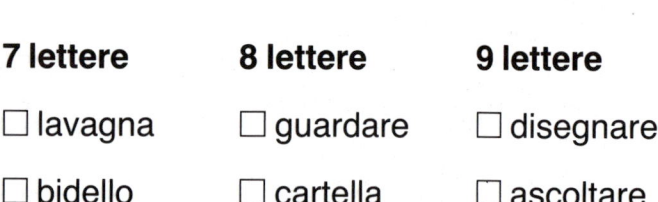

**Riporta nelle nuvolette le frasi appropriate alle varie situazioni illustrate, scegliendole tra quelle elencate in basso.**

1. "Sono stanca di studiare!" ☐
2. "Voglio leggere questo libro." ☐
3. "Questa è la carta geografica del Sudamerica." ☐
4. "Ascolta l'uccellino." ☐
5. "Mi piace disegnare." ☐
6. "Non scrivere sul mio quaderno." ☐
7. "Rispondi alla mia domanda." ☐
8. "È ora di entrare a scuola." ☐

# L'UFFICIO

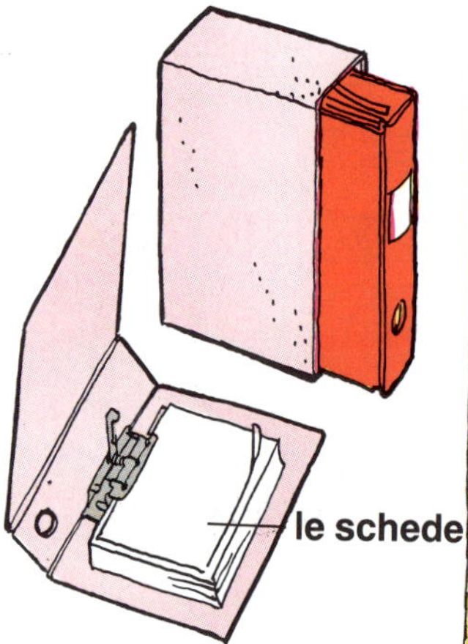
le schede

lo schedario

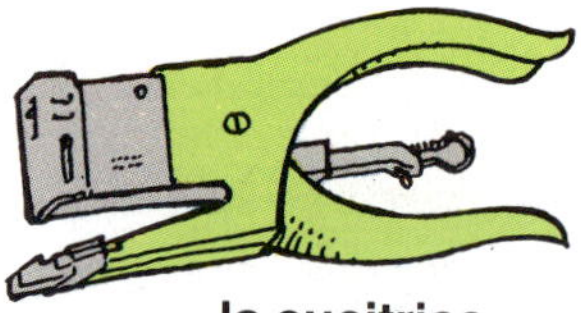

la cucitrice

la valigetta
portadocumenti

i rotoli
di carta
l'elaborato
elettronic
il dattilografo
la macc
da scriv
il
ricevitore
la scrivania
la centralinista

la lampada
il direttore
la segretaria
l'impiegato
il foglio
il fattorino
la fotocopiatrice

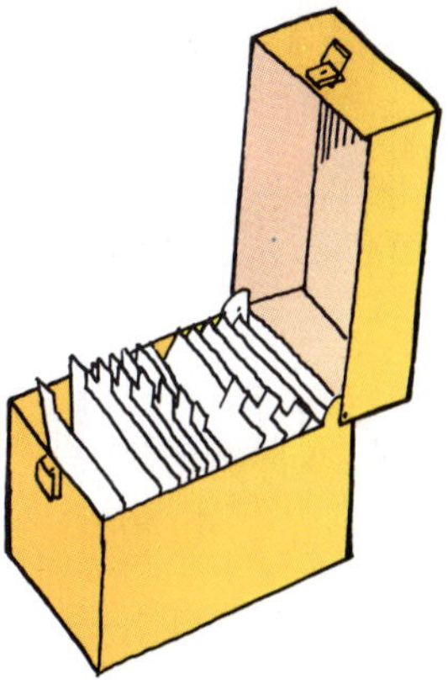

il classificatore

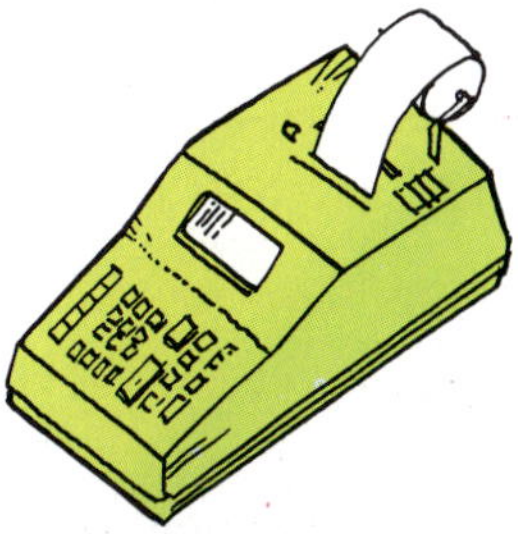

la calcolatrice

l'agenda

**Collega i nomi della prima colonna con quelli della seconda, che sono in ordine casuale. Quindi forma delle brevi frasi utilizzando i verbi seguenti: ricevere, battere, consegnare, unire, raccogliere, riprodurre, rispondere.**

| | | |
|---|---|---|
| 1. centralinista | a) macchina da scrivere | *Es. La centralinista riceve le telefonate* |
| 2. dattilografo | b) pacchi | ........................................ |
| 3. fattorino | c) telefonate | ........................................ |
| 4. cucitrice | d) telefono | ........................................ |
| 5. schedario | e) fogli | ........................................ |
| 6. fotocopiatrice | f) schede | ........................................ |
| 7. segretaria | g) documenti | ........................................ |

essere puntuale

essere in ritardo

presentare

chiamare al telefono

scrivere a macchina

essere stanco

sedersi

stare in piedi

andare

venire

**Completa le seguenti frasi aggiungendo l'azione adatta, correttamente concordata.**

1. La dattilografa s _ _ _ _ _ _ m _ _ _ h _ _ _ una lettera.

2. L'impiegato _ _ _ ritardo.

3. Il fattorino _ stanco di a _ _ _ _ _ e v _ _ _ _ _.

4. Il direttore arriva sempre in orario, egli _ p _ _ _ _ _ _ _ _.

5. La centralinista s _ _ _ _ alla sua scrivania.

6. La segretaria _ _ _ _ _ _ _ al t _ _ _ _ _ _ _ _ il portiere.

7. Il cliente è arrivato da poco e _ _ _ in p _ _ _ _ davanti alla scrivania.

8. Il direttore p _ _ _ _ _ _ _ _ il cliente alla segretaria.

9. Il direttore _ _ _ _ _ _ _ _ al suo tavolo di lavoro.

10. Il fattorino esce: _ _ a consegnare i pacchi.

**Scrivi nello schema, al posto giusto, i nomi delle figure disegnate. Ti sono di aiuto la parola scritta in verticale e il numero dei quadratini, uguale alla lunghezza della parola da inserire.**

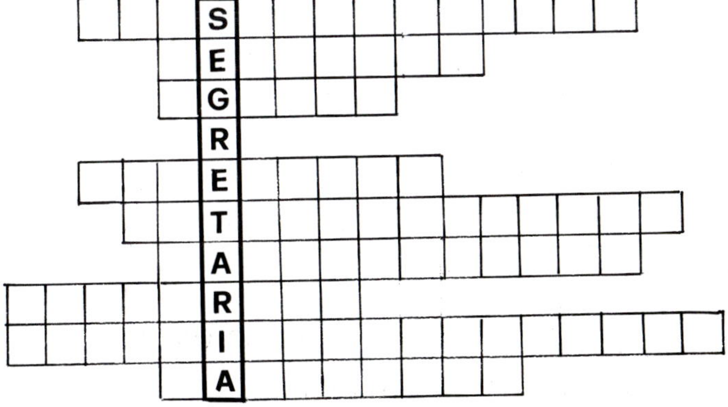

# LA SFILATA DI MODA

l'impermeabile
fazz
il cappello
il basco
la
di
la giacca
a vento
le
scarp
il vestito
elegante
i pantaloni
la
cravatta
la gia
gli
stivali
il giubbotto
di pelle
il
completo
il cappello
da uomo
i mocassini

il berretto
il maglione
la maglietta
il maglione a collo alto
la camicetta
il cappotto
i bermuda
na
i sandali
la fascia
la camicia
la sciarpa
i jeans

**Completa le seguenti frasi usando le parole di questa pagina e servendoti del verbo portare, coniugato convenientemente.**

1. Quando piove le persone ..............................
2. D'inverno noi ..............................
3. Per andare a sciare io ..............................
4. Se si ha mal di gola si ..............................
5. In moto,mio fratello ..............................
6. Al mare,voi ..............................
7. Per non spettinarti, quando c'è vento tu ..............................
8. Per andare a una festa le mie sorelle maggiori ..............................
..............................

# CAMBIO D'INIZIALE

**Cambia l'iniziale di ciascuna delle tre parole usando le consonanti suggerite. Scrivi la parola ottenuta accanto alla definizione che le si addice. Imparerai così tredici nuovi vocaboli.**

la seta

la lana

il cotone

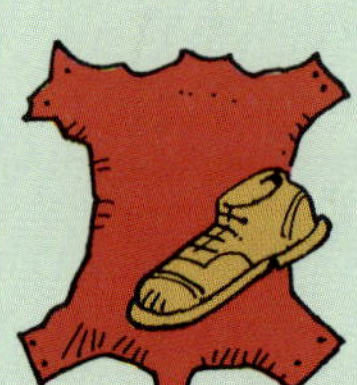
la pelle

la stoffa

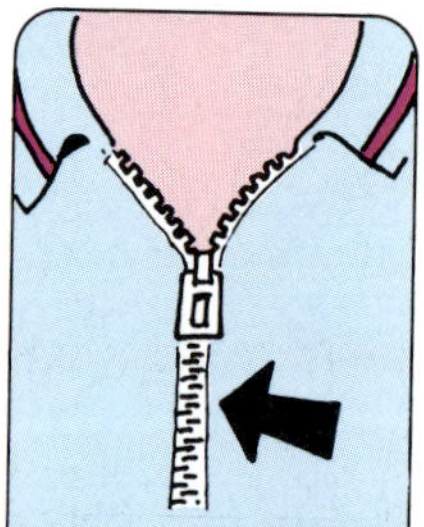
la cerniera

i bottoni

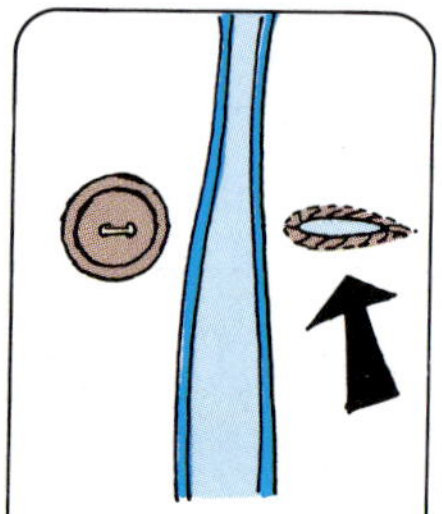
l'asola

vestirsi

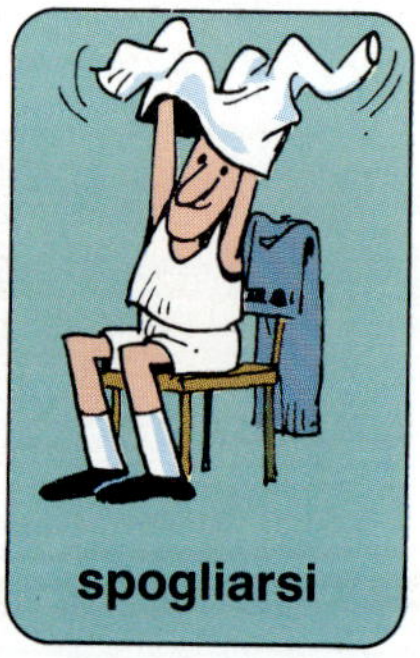
spogliarsi

## LANA (N - R - S - T - V)

_ _ _ _ _ in buona salute

_ _ _ _ _ il rifugio del lupo

_ _ _ _ _ persona di statura molto bassa

_ _ _ _ _ salta nello stagno

_ _ _ _ _ inutile

## PELLE (B - C - D - N - S)

_ _ _ _ _ _ preposizione articolata (dentro le)

_ _ _ _ _ _ le stanze del carcere

_ _ _ _ _ _ aggettivo per le miss

_ _ _ _ _ _ in groppa ai cavalli

_ _ _ _ _ _ preposizione articolata (di le)

## SETA (B - M - Z)

_ _ _ _ la raggiunge chi viaggia

_ _ _ _ l'ultima lettera dell'alfabeto

_ _ _ _ la seconda lettera dell'alfabeto greco

**Confrontando queste figure con quelle della pagina precedente indica che cosa manca ai diversi personaggi.**

A. ..........................................................

..........................................................

B. ..........................................................

..........................................................

C. ..........................................................

..........................................................

D. ..........................................................

..........................................................

E. ..........................................................

..........................................................

F. ..........................................................

..........................................................

# PREPOSIZIONI E AVVERBI

**Completa le seguenti frasi usando le preposizioni e gli avverbi adatti:**

1. I viaggiatori arrivati scendono .................................. treno.
2. Paola corre ...................................... il viale e si diverte andando ...................... e ....................... per le scale.
3. Alcuni viaggiatori aspettano il treno .................................... ritardo ........................................ sala d'attesa.
4. Quando il treno arriva tutti si avviano ...................................... i loro bagagli.
5. Un cagnolino è finito ...................... i binari e si nasconde .......................... il treno.
6. Un uomo ...................................... il bagaglio sale ..................................... vettura mentre il treno è già ..................................... movimento.

è l'una

sono le due e cinque

sono le tre e dieci

sono le quattro e un quarto

sono le cinque e venti

sono le sei e mezzo

sono le sette e quaranta

sono le otto e tre quarti

sono le nove meno dieci

sono le dieci meno cinque

# QUAL È LA FORMA CORRETTA?

**1.** Il treno arriva
a) alle otto
b) delle otto
c) a otto

**2.** I ragazzi giocano
a) davanti alla scuola
b) davanti della scuola
c) davanti scuola

**3.** Siamo andati
a) nel cinema
b) al cinema
c) per il cinema

**4.** Carlo abita
a) a Parigi
b) in Parigi
c) da Parigi

**5.** La mamma sta sempre
a) in casa
b) nella casa
c) sulla casa

**6.** Voglio parlare
a)con Luigi
b) attorno a Luigi
c) sopra Luigi

**7.** Sono sceso
a) dal treno
b) su dal treno
c) nel treno

**8.** Ci siamo incontrati
a) lontano da casa
b) lontano di casa
c) lontano della casa

**9.** Ti aspetto
a) fuori del negozio
b) fuori nel negozio
c) fuori dal negozio

**10.** Il mio paese è
a) vicino a Roma
b) vicino Roma
c) vicino di Roma

1 D _ R _ I _ E

2 U _ C _ R _ di casa

3 A _ D _ R _ a letto

4 L _ V _ R _ R _

5 A _ Z _ R _ I

6 T _ R _ A _ E a casa

7 F _ R _ colazione

8 G _ A _ D _ R _ la T.V.

9 P _ A _ Z _ R _

**Completa i verbi sotto le vignette, aggiungendo le lettere mancanti al posto dei trattini, poi scrivi accanto ad ogni orologio il numero della vignetta a cui si addice l'ora indicata.**

# L'INVERNO IN MONTAGNA

la piccozza
il rampone
gli abeti
la baita
la neve
la slitta
la pista di pattinaggio
il pupazz
di neve
il berretto
lo zaino
il maestro di sci
la giacca a vento
il cane San Bernardo
i guanti
i bastoncini
gli sci
lo scalatore
gli scarponi da sci

il picco
la vetta
la catena montuosa
nivia
la discesa
la seggiovia
il gatto delle nevi
lo sciatore
l'impianto di risalita
la sciarpa
lo slittino
il bob
le palle di neve

**Leggi attentamente ciascuna delle frasi seguenti. Se è giusta contrassegna con una crocetta il quadratino corrispondente a VERO. Se invece è sbagliata fai una crocetta sul quadratino corrispondente a FALSO.**

| | VERO | FALSO |
|---|---|---|
| 1. Il gatto delle nevi è un grazioso animale | ☐ | ☐ |
| 2. Lo sciatore ha con sé gli sci e i bastoncini | ☐ | ☐ |
| 3. Una baita sta al centro del paese | ☐ | ☐ |
| 4. Il pupazzo di neve indossa scarponi e guanti | ☐ | ☐ |
| 5. I bambini si divertono con lo slittino | ☐ | ☐ |
| 6. Lo scalatore si serve dell'impianto di risalita | ☐ | ☐ |

sciare

pattinare

cadere

scivolare

aiutare

aver freddo

tremare

riscaldarsi

starnutire

nevicare

**Nello schema sono inserite tutte le parole elencate. Cancellale verticalmente, orizzontalmente, diagonalmente, nei due sensi. Leggi di seguito le lettere rimaste: danno il nome di una gara sportiva sulla neve.**

- ☐ discesa
- ☐ abeti
- ☐ sciare
- ☐ cadere
- ☐ tremare
- ☐ baita
- ☐ giacca
- ☐ neve
- ☐ picco
- ☐ bob
- ☐ rampone
- ☐ aiutare
- ☐ avere freddo
- ☐ zaino
- ☐ pista
- ☐ pattinare
- ☐ sci
- ☐ sciarpa
- ☐ vetta

| | | | | | | | | |
|---|---|---|---|---|---|---|---|---|
| A | A | T | S | I | P | L | T | E |
| C | O | S | C | T | L | N | R | O |
| C | A | P | I | E | L | E | E | D |
| A | T | I | A | B | D | V | M | D |
| I | S | C | I | A | R | E | A | E |
| G | O | C | C | M | A | T | R | R |
| G | B | O | B | I | M | T | E | F |
| S | C | I | A | R | P | A | G | E |
| A | Z | A | I | N | O | N | T | R |
| P | A | T | T | I | N | A | R | E |
| E | D | I | S | C | E | S | A | V |
| ■ | ■ | E | R | A | T | U | I | A |

☐☐ ☐☐☐☐☐☐

☐☐☐☐☐☐☐

**Annerisci gli spazi solo se ai numeri che li distinguono corrispondono un nome e una figura tra quelli qui a fianco:**

1. slitta
2. seggiovia
3. funivia
4. rampone
5. abete
6. berretto
7. piccozza
8. sciatore
9. pupazzo di neve
10. scalatore
11. bastoncini
12. sciarpa
13. scarponi
14. baita
15. guanti
16. sci

**Che cosa appare?** ..............................................

# GLI ANIMALI DOMESTICI

il pappagallo
lo scoiattolo
il canarino
il criceto
i gattini
il gatto
i pesci rossi
il cucciolo
la tartaruga
il cane

l'uccello
il pulcino
il piccione
l'anatra
l'ape
l'agnello
l'asino
il gallo
la gallina
il bue
il toro
il coniglio
la pecora
la capra
il tacchino
la chiocciola
il cavallo
il vitello
l'oca
la mucca
il topo
il lombrico
il maiale


## COME SI CHIAMA...

1. L'insetto che fa il miele ..............................
2. L'animale che si porta dietro la casa ..........................................
3. L'animale che ci dà la lana ..........................................
4. L'uccellino giallo ..........................................
5. Il roditore a cui il gatto dà la caccia ......................................
6. L'animale che ci dà il latte ...................................
7. L'animale che corre negli ippodromi ......................................
8. Il piccolo del cane ......................................
9. L'animale conosciuto per la sua lentezza ...................................
10. Il piccolo della gallina ..............................

l'ala

il becco

gli artigli

le orecchie

la coda/e

la proboscide

la criniera

le corna

i baffi

gli zoccoli

**Dieci dei dodici animali della pagina accanto sono disegnati con un errore. Indica quali sono gli errori e quali animali sono stati disegnati in modo corretto.**

| ANIMALI | ERRORI |
|---|---|
| 1. ........................................ | ................................................ |
| 2. ........................................ | ................................................ |
| 3. ........................................ | ................................................ |
| 4. ........................................ | ................................................ |
| 5. ........................................ | ................................................ |
| 6. ........................................ | ................................................ |
| 7. ........................................ | ................................................ |
| 8. ........................................ | ................................................ |
| 9. ........................................ | ................................................ |
| 10. ........................................ | ................................................ |
| 11. ........................................ | ................................................ |
| 12. ........................................ | ................................................ |

**Inserisci nello schema il nome degli animali delle definizioni. Ti sono di aiuto la lunghezza delle parole e le lettere già scritte.**

| | | | | | | | | |
|---|---|---|---|---|---|---|---|---|
| 1 | | | | C | | | | |
| 2 | C | | | | | | | |
| 3 | | | I | | | | | |
| 4 | | S | | | | | | |
| 5 | | | N | | | | | |
| 6 | B | | | | | | | |
| 7 | | | A | | | | | |
| 8 | T | | | | | | | |
| 9 | | | T | | | | | |
| 10 | | | | | R | | | |
| 11 | | | L | | | | | |
| 12 | | | | C | | | | |

1. Piccolo del cane.
2. Ha la criniera.
3. Ci dà il prosciutto.
4. Ha le orecchie lunghe.
5. Abbaia.
6. Lavora nei campi.
7. Vive nel cortile.
8. Ama il formaggio.
9. Miagola.
10. Bela.
11. Quando nasce dall'uovo è giallo.
12. C'è anche quello "viaggiatore".

# GLI ANIMALI SELVATICI

l'antilope
la gru coronata
il dromedario
lo struzzo
il serpente
la gazzella
il ghepardo
lo sciacallo
il bufalo
l'airone
la iena
il cinghiale
il leone
la giraffa

la scimmia
l'elefante
l'ippopotamo
la zebra
il rinoceronte
il gorilla
l'avvoltoio
il coccodrillo
il leopardo
il camaleonte
i fenicotteri

**Rispondi: VERO o FALSO alle seguenti affermazioni.**

1. Il leopardo ha delle righe sulla pelle .........................
2. Il dromedario ha due gobbe .........................
3. Il leone è un felino ..........................................
4. L'ippopotamo ha paura dell'acqua ..........................
5. Il camaleonte ha il colore del luogo dove si trova ...............................
6. La zebra è simile al cavallo ........................
7. Il rinoceronte ha un corno sul muso ............................
8. La giraffa ha un lungo collo ........................
9. Il gorilla è un uccello ..................................
10. Lo sciacallo è grande come una volpe ........................

tuffarsi

nuotare

saltare

nascondersi

strisciare

dare la caccia

SNIFF
SNIFF
annusare

grattarsi

dondolare

nutrire

**Completa le seguenti frasi aggiungendo il verbo adatto nella forma conveniente.**

Il serpente s _ _ _ _ _ _ _ _ _ sul terreno

Il coccodrillo n _ _ _ _ nel fiume

La iena a _ _ _ _ _ _ le carogne

La scimmia s _ d _ _ _ _ _ _ _ tra i rami

L'avvoltoio n _ _ _ _ i suoi piccoli

Il leone d _ l _ c _ _ _ _ _ _ alle zebre

Lo struzzo n _ _ _ _ _ _ _ _ _ la testa nella sabbia

La gazzella corre e s _ _ _ _

L'ippopotamo s _ t _ _ _ _ _ nell'acqua fangosa

L'elefante s _ g _ _ _ _ _ _ contro i tronchi degli alberi

Il leopardo d _ l _ c _ _ _ _ _ _ alle gazzelle

La scimmia s _ _ _ _ _ da un ramo all'altro

**Indovina i nomi dei nove diversi animali a cui appartengono gli elementi che compongono questa strana creatura e scrivili negli spazi qui sotto. Ti sono d'aiuto le iniziali e il numero dei trattini che corrisponde alla lunghezza della parola.**

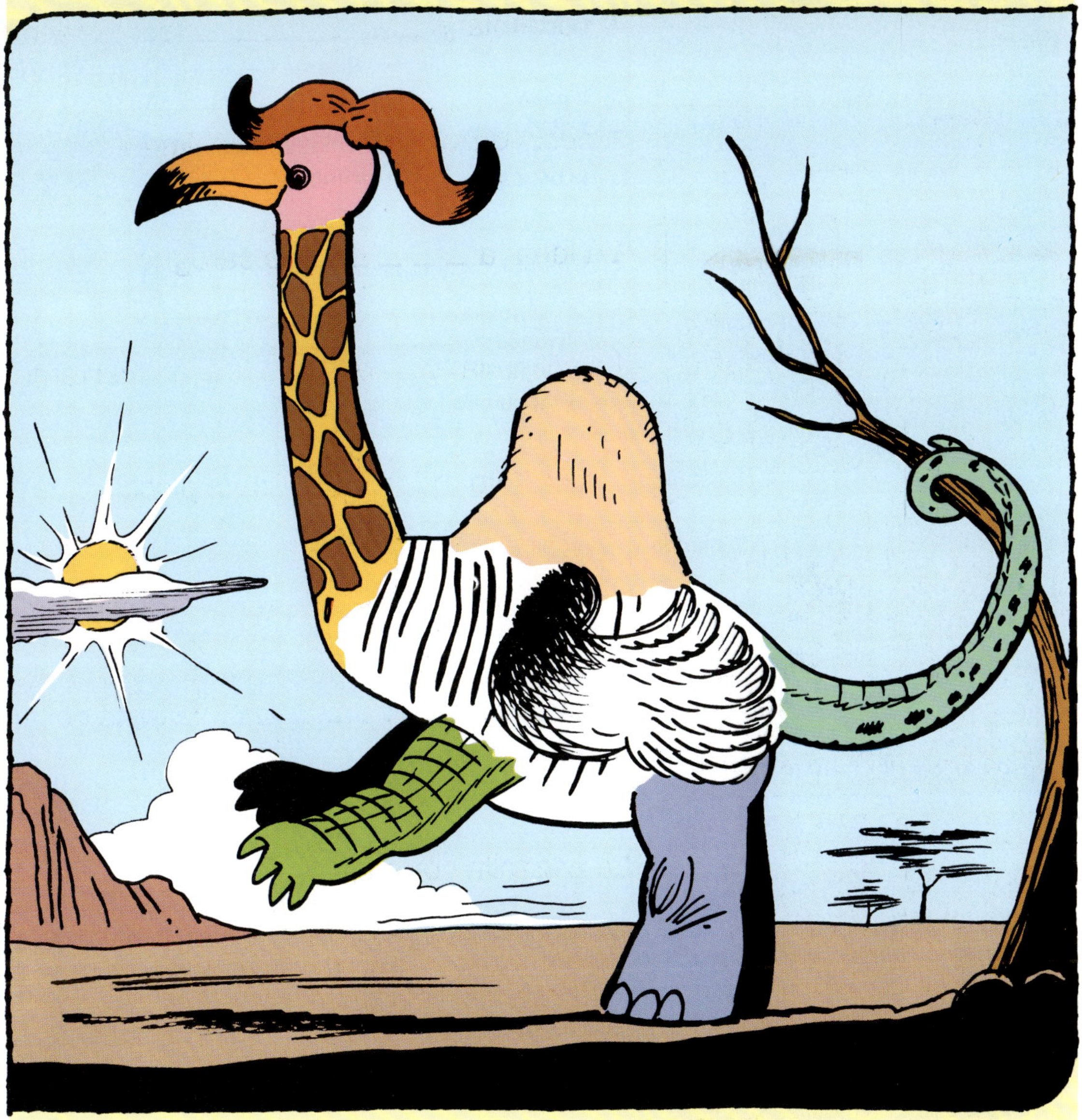

1. B _ _ _ _ _
2. F _ _ _ _ _ _ _ _ _ _
3. G _ _ _ _ _ _
4. Z _ _ _ _
5. D _ _ _ _ _ _ _ _ _
6. S _ _ _ _ _ _
7. C _ _ _ _ _ _ _ _ _
8. C _ _ _ _ _ _ _ _ _ _
9. E _ _ _ _ _ _ _

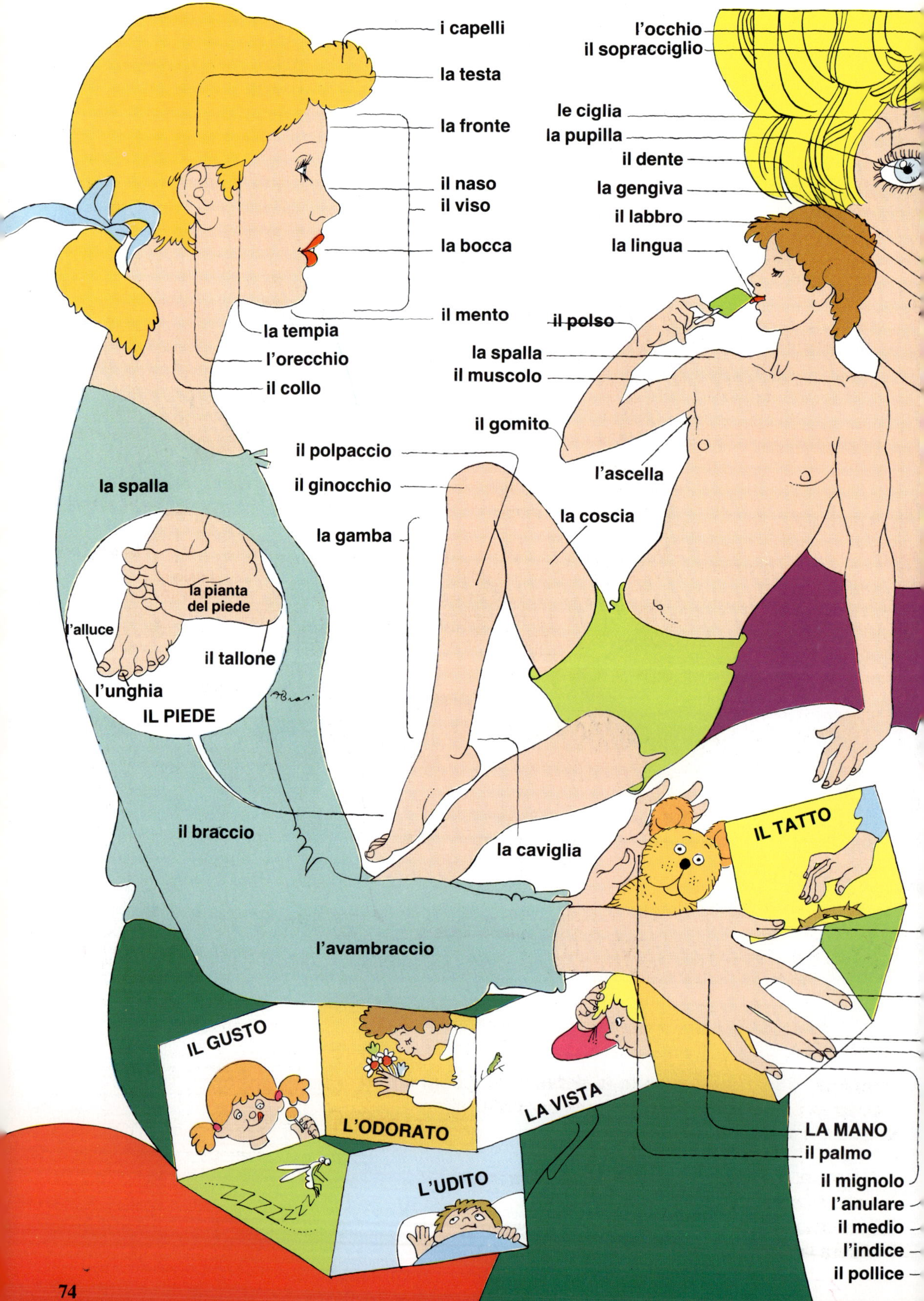

i capelli
la testa
la fronte
il naso
il viso
la bocca
il mento
la tempia
l'orecchio
il collo
l'occhio
il sopracciglio
le ciglia
la pupilla
il dente
la gengiva
il labbro
la lingua
il polso
la spalla
il muscolo
il gomito
l'ascella
il polpaccio
il ginocchio
la gamba
la coscia
la spalla
la pianta del piede
l'alluce
il tallone
l'unghia
IL PIEDE
il braccio
la caviglia
l'avambraccio
IL TATTO
IL GUSTO
L'ODORATO
LA VISTA
L'UDITO
LA MANO
il palmo
il mignolo
l'anulare
il medio
l'indice
il pollice

# IL CORPO UMANO

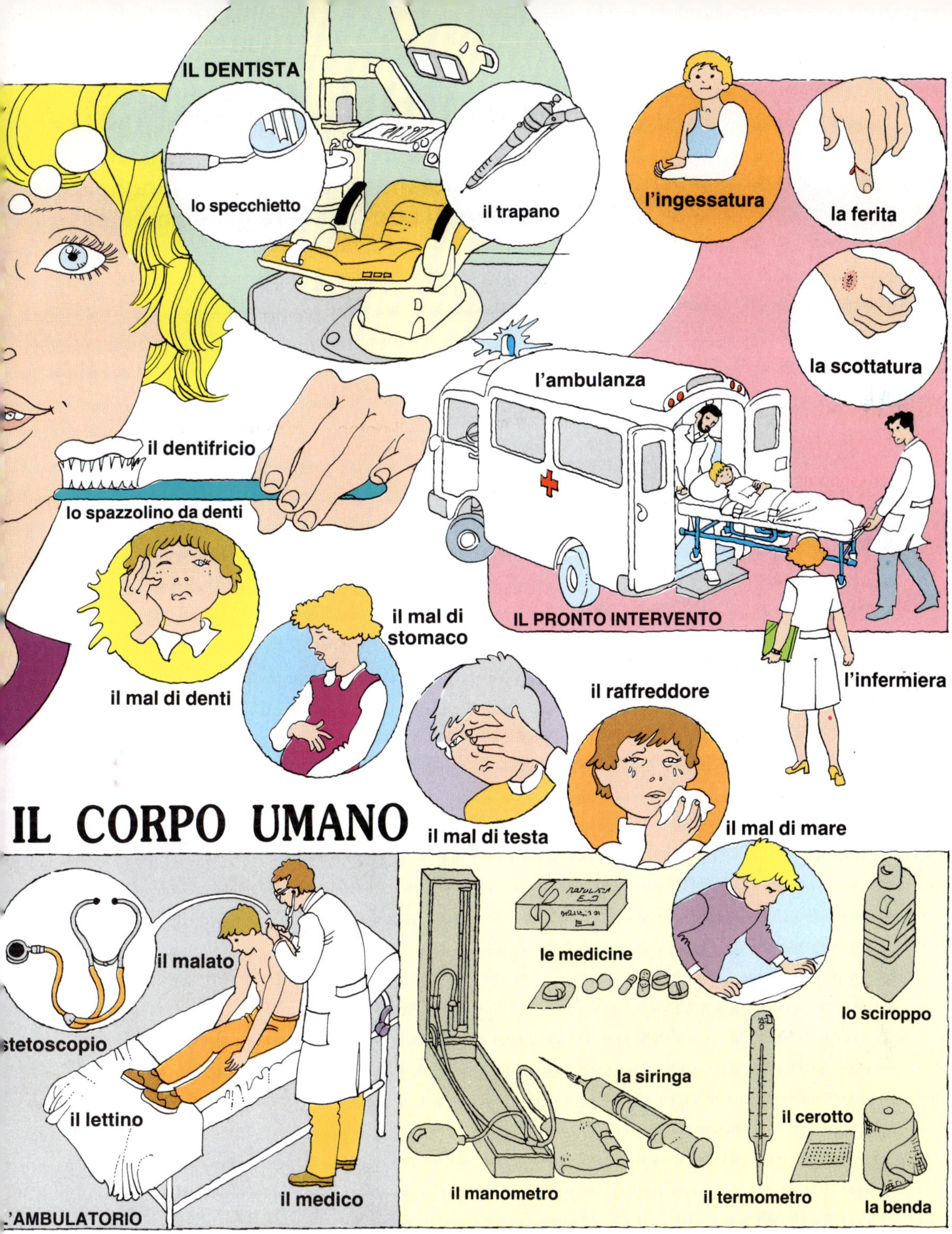


**Completa lo schema secondo le definizioni. Leggi di seguito le sillabe delle due colonne segnate: vi comparirà un modo di dire italiano.**

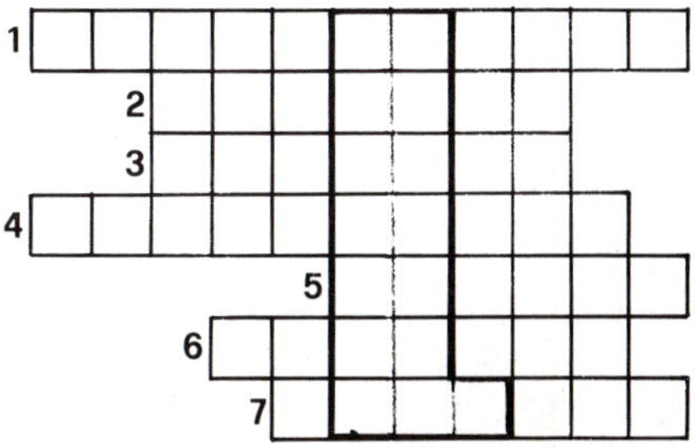


1. Attorno al braccio rotto
2. Il dito piccolino
3. Il simbolo della forza
4. Misura la temperatura
5. Riveste l'estremità del dito
6. Ricoprono la testa
7. La cavità sotto il braccio

grasso/ magro

bello/ brutto

forte/ debole

alto/ basso

bionda/ bruna

lisci/ ricci

destro/ sinistro

felice/ triste

giovane/ vecchio

lunghi/ corti

# IL CRUCINTARSIO

**Inserisci nello schema tutte le parole elencate regolandoti con la loro lunghezza e aiutandoti con le lettere già stampate.**

**4 lettere** ☐ viso ☐ arto ☐ mano

**5 lettere** ☐ udito ☐ tatto ☐ gusto ☐ gamba ☐ piede ☐ collo ☐ cosce ☐ polso ☐ testa

**6 lettere** ☐ lingua ☐ indice ☐ ferita ☐ gomito ☐ tempia ☐ occhio

**7 lettere** ☐ odorato

**10 lettere** ☐ infermiera ☐ scottatura

**11 lettere** ☐ ambulatorio

**Scrivi qui sotto i nomi delle parti del corpo che compaiono nei 15 quadratini partendo dai capelli per arrivare al piede.**

1. _ _ _ _ _ _ _
2. _ _ _ _ _ _ _ _ _ _ _ _
3. _ _ _ _ _ _
4. _ _ _ _
5. _ _ _ _ _
6. _ _ _ _ _
7. _ _ _ _ _
8. _ _ _ _ _ _
9. _ _ _ _ _ _
10. _ _ _ _
11. _ _ _ _ _ _
12. _ _ _ _ _ _ _ _ _
13. _ _ _ _ _ _ _ _ _
14. _ _ _ _ _ _ _ _
15. _ _ _ _ _

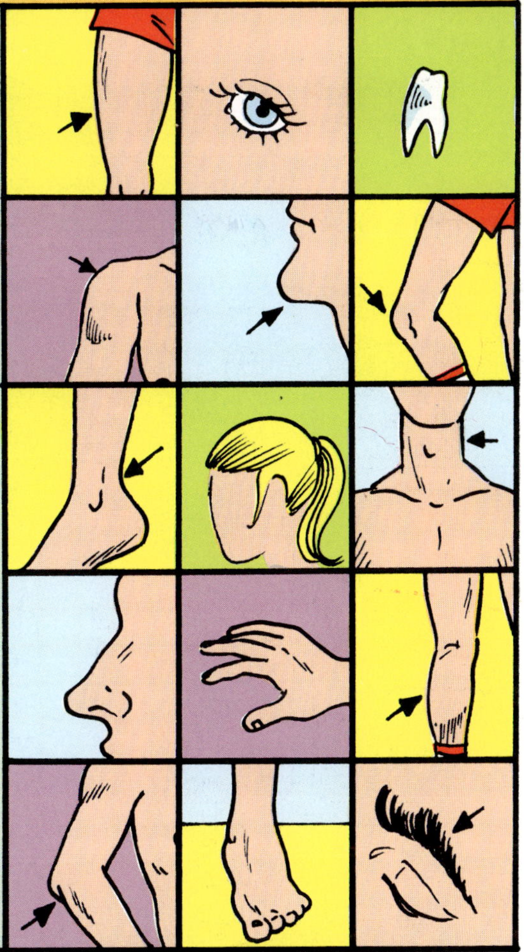

**Solo 4 dei seguenti aggettivi sono adatti a quest'uomo. Decidi quali e scrivili nello schema.**

BELLO - MAGRO

FORTE - BRUTTO

BASSO - GROSSO

DEBOLE - ALTO

# GLI SPORT

i riflettori
le gradinate
il portiere
i calciatori
il campo
IL CALCIO
la porta
l'angolo
1
2
3
LA PALLACANESTRO
L'EQUITAZIONE
montare a cavallo
il galoppatoio
il salto
il ciclista
la pista
IL TENNIS
IL CICLISMO
10
9
LA SCHERMA
IL PATTINAGGIO A ROTELLE
la rete
il campo
LA CORSA
l'atleta
LA GINNASTICA ARTISTICA
11

1. il pallone
2. il canestro
3. i giocatori
4. il nuotatore
5. il gambale da hockey
6. la mazza da hockey
7. i pugili
8. l'ostacolo
9. i fioretti

4
IL NUOTO
LO SPORT DELLA VELA
la barca a vela
il remo
il vogatore
IL CANOTTAGGIO
il trampolino
il tuffatore
la tavola da wind-surf
IL WIND-SURF
lo sciatore
la bandierina
LO SCI
la pedana di partenza
la piscina
l'allenatore
6
5
L'HOCKEY SU GHIACCIO
la pista di pattinaggio
IL SALTO IN ALTO
il pattinatore
IL PATTINAGGIO SU GHIACCIO
il materasso
7
LA CORSA AD OSTACOLI
8
IL JUDO
IL PUGILATO (LA BOXE)


10. la maschera
11. l'attrezzo

fare ginnastica

piegarsi

lanciare

prendere

tirare

calciare

parare

sollevare

mirare

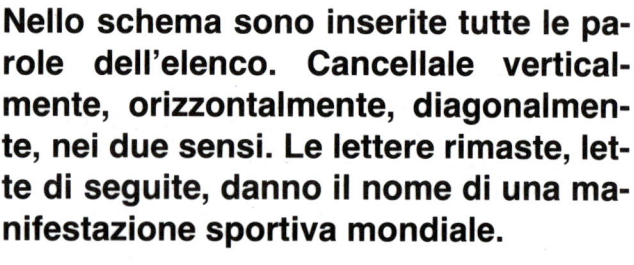

**Nello schema sono inserite tutte le parole dell'elenco. Cancellale verticalmente, orizzontalmente, diagonalmente, nei due sensi. Le lettere rimaste, lette di seguite, danno il nome di una manifestazione sportiva mondiale.**

- ☐ lanciare
- ☐ sci
- ☐ corsa
- ☐ campo
- ☐ pallone
- ☐ vela
- ☐ nuotatore
- ☐ sport
- ☐ piscina
- ☐ parare
- ☐ galoppo
- ☐ pedana
- ☐ tennis
- ☐ calcio
- ☐ salto
- ☐ remo
- ☐ rotelle
- ☐ vogatore
- ☐ pista
- ☐ judo

| | | | | | | | | |
|---|---|---|---|---|---|---|---|---|
| I | O | T | L | A | S | R | O | C |
| V | E | L | A | I | P | G | I | O |
| E | C | A | N | P | O | H | I | E |
| R | O | N | I | I | R | L | R | R |
| O | E | C | C | S | T | A | O | O |
| T | ■ | I | S | T | R | P | T | T |
| A | C | A | I | A | J | E | E | A |
| T | A | R | P | I | U | D | L | G |
| O | M | E | R | M | D | A | L | O |
| U | P | A | L | L | O | N | E | V |
| N | O | P | P | O | L | A | G | P |
| I | O | I | C | L | A | C | C | I |

_   _ _ _ _ _ _

_ _ _ _ _ _ _ _

Completa i nomi degli sport inserendo le lettere mancanti. Nei quadretti in fondo devi riportare, accanto al nome dello sport, la lettera che vedi scritta nel relativo simbolo. Otterrai il nome di una gara atletica che comprende cinque prove.

C _ C _ I _ M _

______________________

S _ I

______________________

E _ U _ T _ Z _ O _ E

______________________

N _ O _ O

______________________

T _ N _ I _

______________________

C _ L _ I _

______________________

P _ L L _ -
C _ N _ S _ R _

______________________

S _ L _ O

______________________

H _ C _ E _

______________________

P _ T _ I _ A _ G _ O

______________________

| Pallacanestro | Calcio | Equitazione | Ciclismo | Tennis | Hockey | Pattinaggio | Salto | Nuoto | Sci |
|---|---|---|---|---|---|---|---|---|---|
| ☐ | ☐ | ☐ | ☐ | ☐ | ☐ | ☐ | ☐ | ☐ | ☐ |

# TEMPO D'ESTATE

campeggiare

dormire
raccogliere le conchiglie
scalare
fotografare
cavalcare

scoltare
musica
leggere
fare la ginnastica
dipingere
pedalare
suonare uno strumento
remare
prendere il sole
nuotare
pescare
passeggiare
fare il picnic
cercare i funghi

**Completa le seguenti frasi con il verbo adatto, convenientemente coniugato.**

1. Carlo e Anna a _______________ la musica
2. Tu e Paola f _____ g _________________ all'aperto
3. Vado da solo in barca e r _____
4. Ci piace p ___________________ tra gli alberi
5. Vuoi che p ________________ un po' di sole?
6. Luigi d _______ sull'amaca
7. Tu s _______ bene la chitarra

l'alba

il tramonto

il giorno/
la notte

il sole

la luna

le stelle

le nuvole

il mare

la sdraia

l'ombrellone

# QUAL È LA FORMA VERBALE CORRETTA?

1. Al campeggio noi **dormiamo/passeggiamo/fotografiamo** sotto la tenda.

2. Paolo nel bosco **cavalca/rema/cerca** i funghi.

3. Francesca, distesa sulla sabbia, **nuota/prende/fotografa** il sole.

4. Chi fa equitazione **pedala/scala/cavalca** per i prati.

5. Luigi, con pennelli e colori, **passeggia/fotografa/dipinge** il paesaggio.

6. Michele e Lucia, seduti sul prato, **leggono/pescano/dipingono** un libro.

**Scrivi nella prima colonna dei verbi che abbiano relazione con le parole elencate nella seconda. Ti sono di aiuto l'iniziale e il numero delle lettere indicato dai trattini.**

| | |
|---|---|
| 1. P _ _ _ _ _ _ | AMO |
| 2. D _ _ _ _ _ _ | AMACA |
| 3. R _ _ _ _ _ | BARCA |
| 4. P _ _ _ _ _ _ _ | BICICLETTA |
| 5. D _ _ _ _ _ _ _ _ | PAESAGGIO |
| 6. L _ _ _ _ _ _ | ROMANZO |
| 7. R _ _ _ _ _ _ _ _ _ _ | CONCHIGLIA |
| 8. S _ _ _ _ _ _ | MONTAGNA |

**Completa questo racconto inserendo nei trattini le lettere mancanti e scrivendo i nomi delle figure.**

In e _ t _ t _ il  _ _ _ _ è

c _ l _ o ed è bello

 _ _ _ _ _ _ _ _ _ _ _ _ _ _ in riva

al m _ r _. Qui si può p _ s c _ r _ ,

 _ _ _ _ _ _ _ _ _ _ _ _ _ _ _ _ _ e

n _ o _ a _ e dall'  _ _ _ _ al

t r _ m _ _ t o. Invece nelle giornate

 _ _ _ _ _ _ _ _ _ _ si può

l _ g _ e _ e o p _ s s _ g _ i _ r _.

In estate si può d _ r _ i _ e sotto le  _ _ _ _ _ _ _ _

al chiaro di  _ _ _ _

senza aver _ r _ d _ o e s v _ g _ _ a _ s i

al canto degli  _ _ _ _ _ _ _ _ _ .

# Vocabolario

Tutti i vocaboli illustrati in questo volume sono riportati in ordine alfabetico nel presente glossario. Ricordi il significato di ciascun vocabolo? Se hai dimenticato qualche parola puoi trovare la relativa illustrazione alla pagina indicata (o alle pagine indicate) accanto ad essa.

## A


**abbigliamento** 40
**abeti** 61
**abitazione** 26
**aceto** 35
**aereo** 15
**aeroporto** 14
**agenda** 51
**aggiustare** 24
**aglio** 43
**agnello** 67
**airone** 70
**aiutare** 64
**ala** 15, 68
**alba** 84
**albergo** 27
**alberi** 6
**allenatore** 79
**alluce** 74
**alto** 76
**alunno** 46
**alzarsi** 32
**ambienti** 26
**ambulanza** 75
**ambulatorio** 75
**ananas** 42
**anatra** 67
**andare** 32, 52
**angolo** 78
**anguille** 43
**animali** 66
**annusare** 72
**antico** 26
**antilope** 70
**anulare** 74
**ape** 67
**appartamento** 26
**arance** 42
**architetto** 23
**armadietti per depositare i bagagli** 14
**armadio** 31
**arrivare** 16
**artigli** 68
**ascella** 74
**ascoltare** 48
**ascoltare la musica** 82
**asino** 67
**asola** 56
**aspettare** 12
**assistenti di volo** 15
**atleta** 78
**attaccapanni** 46
**atterrare** 16
**attico** 26
**attorno** 58
**attraversare** 12
**attraverso** 59
**attrezzo** 79
**autista** 23
**autoarticolato** 19
**autobus** 19
**autocarro** 15
**autocisterna** 19
**autostrada** 10, 18
**autotreno** 19
**autovettura** 18
**avambraccio** 74
**aver fame** 36
**avere freddo** 64
**aver sete** 36
**aviorimessa** 14
**avverbi** 58
**avvoltoio** 71


## B


**baby-sitter** 22
**baffi** 68
**bagno** 31
**baia** 6
**baita** 27, 62
**balcone** 26
**banane** 42
**banchi** 47
**banco** 38
**bandierina** 79
**barattoli di conserva** 39
**barattolo** 41
**barca a vela** 79
**barista** 22
**basco** 54
**basso** 76
**bastoncini** 62
**baule** 18
**becco** 68
**bello** 76
**benda** 75
**benzinaio** 23
**bere** 36
**bermuda** 55
**berretto** 55, 62
**bevande** 38
**bianco** 8
**bibite** 34
**bicchieri** 34
**bidello** 46
**bidet** 31
**bigliettaio** 14
**bilancia** 38
**binari** 14
**bionda** 76
**blu** 8
**bob** 63
**bocca** 74
**borsa** 39
**borsa da donna** 18
**borsa da viaggio** 18
**borsellino** 18
**bosco** 7, 27
**bottiglie** 38
**bottoni** 56
**braccio** 74
**bracciolo** 15
**bruna** 76
**brutto** 76
**bue** 67
**bufalo** 70


## C


**cadere** 64
**caffé** 35
**calciare** 80
**calciatori** 78
**calcio** 78
**calcolatrice** 51
**caldo** 28
**calendario** 46
**camaleonte** 71
**camera da letto** 31
**cameriera** 22, 35
**cameriere** 35
**camicetta** 55
**camicia** 55
**caminetto** 30
**camion** 18
**camionista** 23
**camminare** 12
**campagna** 6, 27
**campanello** 32
**campanile** 10
**campeggiare** 82
**camper** 18, 27
**campo** 6, 78
**campo coltivato** 6
**canarino** 66
**cancellare** 46
**canditi** 42
**cane** 66
**cane San Bernardo** 62
**canestro** 78
**canottaggio** 79
**capelli** 74
**caposquadra** 23
**cappello da uomo** 54
**cappotto** 55
**capra** 27
**caramelle** 42
**carne** 38
**carote** 43
**carrello** 38
**carrello portabagagli** 14
**carrozza** 14
**carta geografica** 46
**cartella** 47
**cartellone** 47
**casa** 30
**casalinga** 23
**cascata** 6
**case** 6
**casello autostradale** 19
**cassa** 34, 38
**cassiera** 22, 34, 38
**castagne** 42
**castello** 27
**catena montuosa** 63
**cattedra** 46
**cavalcare** 82
**cavallo** 67
**cavatappi** 34
**caviglia** 74
**cavoli** 43
**celeste** 8
**centralinista** 22, 50
**cercare i funghi** 83
**cerniera** 56
**cerotto** 75
**cespugli** 6
**cesta di vimini** 18
**cestino per la carta** 46
**chiamare** 20
**chiamare al telefono** 52
**chiaro** 28
**chiesa** 6, 10
**chiosco** 10
**ciambelle** 42
**ciclismo** 78
**ciclista** 78
**cielo** 7
**ciglia** 74
**ciliege** 42
**cimitero** 10
**cinghiale** 70
**cinque** 60
**cioccolata** 42
**cioccolatini** 42
**cipolle** 43
**città** 10
**classe** 46
**classificatore** 51
**cliente** 34

clienti 39
coccodrillo 71
cocomero 42
coda 68
collina 6
collo 74
coltello 34
comignolo 58
comodino 31
completo 54
comprare 24
computer 22
con 58
conchiglie 82
coniglio 67
contenitori 38
controllare 24
corna 58, 68
corpo umano 75
correre 12
corridoio 15, 31
corriera 18
corsa 78
corsa ad ostacoli 79
corsia 18
corsia d'emergenza 18
corti 76
corpo 28
coscia 74
costa 7
costoso 44
cotone 56
cravatta 54
credenza 30
criceto 66
criniera 68
cucchiaino 34
cucchiaio 34
cucciolo 66
cucina 30
cucina a gas 30
cucinare 36
cucitrice 50
cuoco 22, 35
cupola 11

D
dal 59
dare la caccia 72
dattilografa 22
dattilografo 50
davanti 59
debole 76
dente 74
dentifricio 75
dentista 75
dentro 58
destro 76
diario 47
dieci 60
dietro 59
difficile 48
dipingere 83
direttore 22, 51
dirigere 24
discesa 63
disegnare 48
disordinato 28
doccia 31
dogana 19
dolce 35
dondolare 72
dormire 82
dromedario 70
due 60

E
economico 44
edicola 40
elaboratore elettronico 50
elefante 71
elettricista 22
entrata 30, 38
equitazione 78
essere a dieta 36
essere in ritardo 52
essere puntuale 52
essere stanco 52
estate 82
esterno 30

F
fabbro 23
facchino 14, 22
facile 48
fagiolini 43
falegname 23
fare 16
fare ginnastica 80, 83
fare l'autostop 20
fare picnic 83
fare rifornimento 24
farmacia 40
fascia 55
fattoria 27
fattorino 22, 51
fazzoletto 54
felice 76
fenicotteri 71
ferita 75
fermata 14
fermata dell'autobus 11
fichi 42
fila di persone 34
finestra 31
finestre 32
finocchi 43
fioraio 40
fiori 6
fioretti 79
fiume 6
foce 7
foglia 6
foglio 51
fontana 10
forchetta 34
fornaio 22
forte 76
fotocopiatrice 51
fotografare 12, 82
fragole 42
freddo 28
fresco 44
frigorifero 30
fronte 74
frontiera 19
frutta 34, 36
fruttivendolo 40
funivia 63
fuori 58
furgone 18, 38

G
gabbia 18, 58
gallina 67
gallo 67
galoppatoio 78
gamba 74
gambale da hockey 78
gamberi 43
garage 27, 31
gattini 66
gatto 66
gatto delle nevi 63
gazzella 70
gelato 42
gengiva 74
gente 22
gessetti 46
gettare 12
ghepardo 70
giacca 54
giacca a vento 54, 62
giacca di lana 54
giallo 8
giardiniere 22
giardino 30
giardino pensile 11, 27
ginnastica artistica 78
ginocchio 74
giocatori 78
giorno 84
giovane 76
giraffa 70
giù 59
giubbotto 54
globo 47
gomito 74
gonna 54
gorilla 71
gradinate 78
gradini 10, 31
grande 28
grandi magazzini 11
grasso 76
grattacielo 10, 26
grattarsi 72
grigio 8
gru coronata 70
guanti 62
guardrail 18
guardare 48
guidare 20
gusto 74

H
hockey su ghiaccio 79

I
idraulico 23
iena 70
imbucare 12
impermeabile 54
impianto di risalita 63
impiegato 22, 50
in 58
incartare 44
incontrarsi 12
incrocio 19
indice 74
infermiera 75
ingegnere 23
ingessatura 75
insegna 10
intorno 66
inverno 62
ippopotamo 71
isola 7
isola pedonale 11
istmo 7

J
jeans 55
jeep 18
judo 79

L
labbro 74
laghetto 27
lago 6
lampada 30, 51
lampada da notte 31
lampione 14
lana 56
lanciare 80
larghi 28
lattaia 22
lattina 34
lattuga 43
lavagna 46
lavagna luminosa 46
lavandino 30
lavarsi 32
lavorare 24
lavoro 22
leggere 48, 83
lento 20
leone 70

leopardo 71
lettino 75
letto 31
libreria 30, 40
libri 46
limoni 42
lingua 74
lisci 76
lista delle vivande 34
locomotore 14
lombrico 67
lontano 58
lumaca 67
luna 84
lunghi 76
lungo 28, 58

**M**
macchina da scrivere 50
macedonia di frutta 35
macelleria 40
maestro 46
maestro di sci 62
maglietta 55
maglione 55
maglione a collo alto 55
magro 76
maiale 67
mal di denti 75
mal di mare 75
mal di stomaco 75
mal di testa 75
malato 75
mangiare 36
mano 74
manometro 75
manovale 23
mansarda 26
marciapiede 10, 14, 58
mare 7, 84
marmellata 42
marrone 8
maschera 79
masticare 36
materasso 79
matita 47
mazza da hockey 78
meccanico 23
medicine 75
medico 75
medio 74
melanzane 43
mele 42
melone 42
meno 60
mento 74
mercato 42
mezzo 60
mignolo 74
mirare 80
mocassini 54
moderno 26
monete 34
montagna 6, 27, 62
montare a cavallo 78
monumento 10
mortadella 43
motel 27
moto 19
mucca 67
municipio 10
muratore 23
muro 31
muscolo 74
museo 12

**N**
nascondersi 72
naso 74
negozio 10, 40
nero 8
neve 6, 62
nevicare 64
noi 66
notte 84
nove 60
nuotare 72, 83
nuotatore 78
nuoto 79
nuovo 28
nutrire 72
nuvole 84

**O**
oblò 15
oca 67
occhio 74
odorato 74
olio 35
ombrellone 84
onde 7
operaio 23
operatrice 22
ordinato 28
orecchie 68
orecchio 74
orizzonte 7
ortaggi 39
ostacolo 79
otto 60

**P**
pacchi 38
pacco 58
pagare 44
palazzo 10, 26
pallacanestro 78
palle di neve 63
pallone 78
palmo 74
pane 34, 42
panetteria 40
pantaloni 54
pappagallo 66
parare 80
parcheggiare 12
parcheggio 11
parcheggio auto 14
parete 32
parlare 48
partire 16
passaggio a livello 58
passaporto 16
passeggero 14
passeggiare 83
pasticceria 40
pasticcini 42
patate 43
pattinaggio a rotelle 78
pattinare 64
pavimento 32
pecore 67
pedalare 83
pedana di partenza 79
pelle 54, 56
pendio 6
penna 46
pensare 48
pensilina 14
peperoni 43
pere 42
pesare 44
pescare 83
pesce 43
pesche 42
pescheria 40
pesci rossi 66
pettine 31
piani 26
piano 11
pianoforte 30
pianta 31
pianta del piede 74
pianterreno 11
pianura 7
piatti 34
piattino 30
piccione 67
picco 63
piccolo 28
piccozza 62
piede 74
piegarsi 80
pilota 15
piscina 26, 79
piselli 43
pista 14, 78
pista di pattinaggio 62, 79
pochi 28
poco 44
pollice 74
polpaccio 74
polpi 43
polso 74
poltrona 30
pomodori 42
pompa antincendio 15
ponte 18, 59
porta 31, 32, 78
portafoglio 18, 38
portalettere 22
portare 24
portiere 78
portone 31
posteriore 31
prato 6
prendere 44, 80
prendere il sole 83
prendere l'autobus 20
preposizioni 58
presentare 52
prezzo 39
primo 11
proboscide 68
progettare 24
pronto intervento 75
prosciutto 43
pugilato 79
pugili 78
pulcino 66
pulito 28
pullman 18
pupazzo di neve 62
pupilla 74

**Q**
quaderno 47
quadrato 28
quadro 30
quarto 60
quattro 60

**R**
raccogliere 82
raffreddore 75
rami 6
rampone 62
ranch 26
regalare 44
remare 83
remo 79
rete 78
reticella per bagagli 15
ricci 76
ricevitore 50
riflettori 78
rimorchio 19
rinoceronte 71
riscaldarsi 64
rocce 6
rosa 8
rosso 8
rotoli di carta 50
rotondo 28
roulotte 18, 27
ruscello 6

## S


**sacchetto** 38
**sacchetto di carta** 18
**sacchetto di plastica** 18
**sacco** 18
**sala d'attesa** 58
**salame** 43
**salire** 16
**salotto** 30
**salsicce** 43
**saltare** 72
**salto** 78
**salto in alto** 79
**salutare** 16
**sandali** 55
**scaffali** 39
**scalare** 82
**scalatore** 62
**scale** 31, 59
**scalo merci** 15
**scarpe** 54
**scarponi da sci** 62
**scatola** 18
**scendere** 16, 59
**schedario** 50
**schede** 50
**scherma** 78
**sci** 62, 79
**sciacallo** 70
**sciare** 64
**sciarpa** 55, 63
**sciatore** 63, 79
**scimmia** 71
**sciroppo** 75
**scivolare** 64
**scogli** 7
**scoiattolo** 66
**scompartimento** 15
**scottatura** 75
**scrittoio** 31
**scrivania** 50
**scrivere** 48
**scrivere a macchina** 52
**scuola** 11
**scuro** 28
**sdraia** 84
**secondo** 11
**sedersi** 52
**sedia** 30, 34, 46
**seggiovia** 63
**segnale stradale** 11, 19
**segnaletica** 10
**segnali** 14
**segreteria** 22, 51
**sei** 60
**self-service** 34
**selvatici** 70
**senza** 58
**seppie** 43
**serpente** 70
**servire** 36
**seta** 56
**sette** 60
**sfilata di moda** 54
**sinistro** 76
**siringa** 75
**slitta** 62
**slittino** 63
**sogliole** 43
**soldi** 34, 38
**sole** 84
**solidi** 46
**sollevare** 80
**sopra** 58
**sopracciglio** 74
**sorpassare** 20
**sotto** 59
**sottopassaggio** 11
**spalla** 74
**spartitraffico** 18
**spazzino** 23
**spazzola per capelli** 31
**spazzolino da denti** 31, 75
**specchietto** 75
**spiaggia** 6
**spingere** 24
**spogliarsi** 56
**sporco** 28
**sport** 78
**sport della vela** 79
**sportivo** 22
**spugna** 30
**spugna per cancellare** 46
**stagno** 7
**stare in piedi** 52
**starnutire** 64
**stazione** 11
**stazione di servizio** 10
**stazione ferroviaria** 11, 14
**steccato** 59
**stelle** 84
**stetoscopio** 75
**stivali** 54
**stoffa** 56
**strada** 6, 11
**stretti** 28
**strisce pedonali** 11
**strisciare** 72
**struzzo** 70
**studiare** 48
**su** 59
**sul** 58, 59
**suonare** 32
**suonare uno strumento** 83
**surgelati** 39
**surgelato** 44
**svegliarsi** 32


## T


**tacchino** 67
**tagliare** 36
**tallone** 74
**tanica dell'acqua** 18
**tanti** 28
**tanto** 44
**tappeto** 31
**tartaruga** 66
**tassista** 22
**tatto** 74
**tavola da wind-surf** 79
**tavolino pieghevole** 15
**tavolo** 30, 34
**taxi** 20
**tazza** 30
**teatro** 11
**tecnico TV** 22
**televisore** 30
**tempia** 74
**tempo** 82
**tenda** 30
**tennis** 78
**termometro** 75
**terrazza** 26
**testa** 74
**tetto** 32
**tettoia** 27
**thermos** 18
**timone di direzione** 15
**tirare** 24, 80
**topo** 67
**toro** 67
**torre** 10
**torta** 42
**tovaglia** 34
**tovagliolo** 35
**tra** 58
**traffico** 24
**tramonto** 84
**trampolino** 79
**trapano** 75
**tre** 60
**tre quarti** 60
**tremare** 64
**treno** 11, 14, 59
**treno merci** 15
**triste** 76
**tuffarsi** 72
**tuffatore** 79
**tutti** 46


## U


**uccello** 67
**udito** 74
**ufficio** 50
**ufficio prenotazioni** 14
**ultimo** 11
**una** 60
**unghia** 74
**uscita** 38
**uva** 42


## V


**valigetta** 18
**valigetta portadocumenti** 50
**valigia** 15, 15, 18
**vasca da bagno** 31
**vassoio** 35
**vecchio** 28, 76
**veloce** 20
**vendere** 24
**venditore** 38
**venire** 52
**veranda** 27
**verde** 8
**versare** 36
**vestirsi** 56
**vetrina** 10
**vetta** 6, 63
**viadotto** 18
**viaggiare** 16
**viaggio** 18
**vicino** 58
**vigile urbano** 22
**villa** 26
**villaggio** 6
**villino** 26
**viola** 8
**visitare** 12
**viso** 74
**vista** 74
**vitello** 67
**vivande** 35
**vocabolario** 46
**vogatore** 79
**volare** 16


## W


**water** 31
**wind-surf** 79


## Z


**zaino** 62
**zebra** 71
**zerbino** 31
**zoccoli** 68
**zucca** 43
**zucchine** 43

# SOLUZIONI

**Pagina 7:** 1. neve, 2. lago, 3. istmo, 4. foglia.
**Pagina 9:** Il cielo è celeste. Sulla vetta della montagna c'è la neve. Un fiume scende dalla montagna e attraversa la pianura. Ci sono molti alberi verdi. Tra i cespugli si vedono dei fiori rossi.
**Pagina 10 e 11:** 1. marciapiede, 2. fermata, 3. gradini, 4. vetrine, 5. parcheggio, 6. grandi magazzini.
**Pagina 12:** 1. b, 2. b, 3. a, 4. c, 5. b, 6. a, 7. c, 8. b.
**Pagina 13:** parcheggiare, fotografare, camminare, gettare, imbucare, attraversare, incontrarsi, visitare. *Roma - Bari
**Pagina 16:** *gioco A:* 1. aeroporto, 2. pensilina, 3. scompartimento, 4. carrozze, 5. treno merci, 6. passeggeri, 7. pista, 8. volo. *Espresso
*Gioco B:* 1. oblò, 2. valigia, 3. scendere, 4. salire, 5. partire, 6. arrivare. *Binari
**Pagina 17:** Ho preparato la valigia e preso il passaporto poi prenderò un autobus per andare fino all'aeroporto. Mi diverte guardare attraverso gli oblò dell'aereo e l'hostess è sempre gentile! Mi piacerebbe essere un pilota o lavorare alla torre di controllo. Oh no! Ho dimenticato il biglietto.
**Pagina 19:** Che gioia quando in famiglia si decide di fare tutti insieme un bel viaggio! Prepariamo con cura le nostre valigie. Le carichiamo sulla nostra auto. Mio fratello ed io ci divertiamo a leggere i segnali stradali e ad osservare le auto che vengono in direzione opposta, al di là dello spartitraffico. Ci sono tanti mezzi pesanti: autocarri, autocisterne, camion e non mancano mai pullman pieni di turisti stranieri! Il tempo passa in fretta e ci divertiamo un mondo.
**Pagina 20:** Venezia
**Pagina 23:** bar - barista / cuocere - cuoco / muro - muratore / tassì - tassista / latte - lattaia / cassa - casalinga / forno - fornaio / mano - manovale / legno - falegname / auto - autista / benzina - benzinaio / cassa - cassiera
**Pagina 24:** Che mestiere fa tuo padre? *L'architetto. E il tuo?* Il mio lavora in una stazione di servizio. *Allora fa il benzinaio.* Sì, ma non gli piace il suo lavoro. *Che cosa vorrebbe fare?* Gli piace molto viaggiare... *Potrebbe fare l'autista.* Sarebbe bello! *E tua madre?* La mamma fa la casalinga. *La mia invece scrive a macchina.* Fa la dattilografa? *Sì, in un ufficio.* È un bel lavoro. *Sì, proprio un bel lavoro.*
**Pagina 25:** 1. l'architetto progetta un ponte e usa riga e squadra. 2. Il meccanico aggiusta un guasto al motore con la chiave. 3. Il benzinaio riempie il serbatoio con la pompa della benzina. 4. La casalinga fa la spesa al supermercato e la mette nella borsa. 5. Il vigile dirige il traffico della città e usa il fischietto.
**Pagina 27:** 1. baita, 2. fattoria, 3. castello, 4. mansarda, 5. palazzo, 6. roulotte.
**Pagina 28:** 1. nuova, 2. piccola, 3. disordinata, 4. pulito, 5. tanti, 6. quadrato, 7. lungo, 8. calda, 9. largo, 10. chiari.
**Pagina 29:** 1. terrazzo, 2. *palazzo,* 3. camper, 4. rifugio, 5. *piscina,* 6. laghetto, 7. *castello,* 8. garage, 9. giardino, 10. *fattoria,* 11. motel, 12. *tettoia,* 13. bosco, 14. *grattacielo.* L'autovettura con la roulotte.
**Pagina 30 e 31:** Cucina: spugna-lavandino-frigorifero. Entrata: scale-pianta-corridoio. Esterno: gradini-garage-zerbino. Bagno: doccia-pettine-vasca. Camera da letto: armadio-letto-comodino. Salotto: poltrona-caminetto-quadro.
**Pagina 32:** Tenda da campeggio.
**Pagina 33:** 1. La lampada è sotto il televisore, 2. la tazza è vicino alla finestra, 3. il pettine è sopra la tenda, 4. la spazzola è tra la porta e il televisore, 5. lo spazzolino è sotto il divano.
**Pagina 35:** Ieri per la prima volta, sono stato a mangiare in un self-service con i miei genitori. C'erano molti clienti e abbiamo dovuto fare una lunga fila. Mio padre si è fermato alla cassa per prendere lo scontrino. Poi ognuno di noi ha preso il suo vassoio. Abbiamo scelto le vivande che preferivamo e ci siamo seduti ad un tavolo per mangiare.
**Pagina 36:** 1. falso, 2. vero, 3. vero, 4. vero, 5. falso, 6. vero, 7. falso, 8. vero, 9. vero, 10. vero, 11. falso, 12. falso.
**Pagina 37:** la cassa, il pane, l'olio e l'aceto, il bicchiere, il coltello, il cucchiaio, la lista, il tovagliolo, il cameriere, la forchetta.
**Pagina 39:** 1. nel portafoglio, 2. nella cassa, 3. negli scaffali, 4. nei carrelli, 5. nei sacchetti.
**Pagina 40 -** *Gioco A:* 1-D, 2-E, 3-G, 4-A, 5-H, 6-L, 7-F, 8-B, 9-C, 10-I.
*Gioco B:* 1. pane, 2. libri, 3. fiori, 4. medicine, 5. pesce, 6. carne, 7. pasticcini, 8. abiti, 9. frutti, 10. giornali. *Alimentari
**Pagina 43:** 1. FRUTTA: mele pèsche, uva, banane, melone, 2. PESCE: sogliole, seppie, anguille polpi, gamberi, 3. VERDURA: lattuga, fagiolini, peperoni, finocchi, cavoli 4. DOLCIUMI: caramelle, torta, gelato, cioccolata, canditi
**Pagina 44:** 1. c, 2. b, 3. b, 4. a, 5. c, 6. b, 7. b, 8. a, 9. c, 10. b.
**Pagina 45:** 1. salsicce, 2. salame, 3. caramelle, 4. anguilla, 5. limoni, 6. malanzana, 7. ciliegie, 8. gambero, 9. polpo, 10. pera, 11. pasticcino, 12. carota, 13. gelato.
**Pagina 47:** Oggi è il primo giorno di scuola. Paolo è accolto dal bidello che fa entrare gli alunni. Il

maestro siede sulla cattedra. Seduto al suo banco, Paolo apre la cartella e tira fuori il quaderno tutto nuovo. Il maestro ha appeso il cappotto sull'attaccapanni. Il calendario segna la data del 12 settembre. Paolo potrà annotare i compiti nel diario. Utilizzerà il suo vocabolario per cercare le parole difficili. La carta geografica e il globo lo aiuteranno a studiare la geografia.

**Pagina 49:** 1. B, 2. D, 3. G, 4. H, 5. E, 6. F, 7. A, 8. C.

**Pagina 51:** 1. C, 2. A, 3. B, 4. E, 5. F, 6. G, 7. D.

**Pagina 52:** 1. La dattilografa scrive a macchina una lettera. 2. L'impiegato è in ritardo. 3. Il fattorino è stanco di andare e venire. 4. Il direttore arrive sempre in orario, egli è puntuale. 5. La centralinista siede all sua scrivania. 6. La segretaria chiama al telefono il portiere. 7. Il cliente è arrivato da poco e sta in piedi, davanti alla scrivania. 8. Il direttore non conosce il cliente e si presenta. 9. Il direttore si siede al suo tavolo di lavoro. 10. Il fattorino esce: va a consegnare i pacchi.

**Pagina 53:** classificatore, telefono, agenda, schedario, fotocopiatrice, calcolatrice, cucitrice, macchina da scrivere, valigetta.

**Pagina 55:** 1. Quando piove le persone portano l'impermeabile. 2. D'inverno noi portiamo il cappotto. 3. Per andare a sciare io porto la giacca a vento. 4. Se si ha mal di gola si porta la sciarpa. 5. In moto mio fratello porta il giubbotto di pelle. 6. Al mare voi portate i sandali. 7. Per non spettinarti, quando c'è vento tu porti il fazzoletto. 8. Per andare a una festa le mie sorelle maggiori portano vestiti eleganti.

**Pagina 56:** Lana - sana - tana - rana - vana. / Pelle - nelle - celle - belle - selle - delle. / Seta - meta - zeta - beta.

**Pagina 57:** A. la giacca a vento - gli stivali, B. l'impermeabile - le scarpe, C. il cappotto - il cappello, D. la giacca - i pantaloni, E. la giacca di lana - il fazzoletto, F. la camicia - la cravatta.

**Pagina 59:** 1. dal, 2. lungo - su - giù, 3. in - nella, 4. con, 5. tra - sotto, 6. senza - sulla - in.

**Pagina 60:** 1. a, 2. a, 3. b, 4. a, 5. a, 6. a, 7. a, 8. a, 9. c, 10. a.

**Pagina 61:** 1. dormire, 2. uscire di casa, 3. andare a letto, 4. lavorare, 5. alzarsi, 6. tornare a casa, 7. fare colazione, 8. guardare la T.V., 9. pranzare. A 5, B 7, C 2, D 4, E 9, F 6, G 8, H 3, I 1.

**Pagina 63:** 1. falso, 2. vero, 3. falso, 4. falso, 5. vero, 6. falso.

**Pagina 64:** Lo slalom gigante.

**Pagina 65:** Lo sciatore.

**Pagina 67:** 1. ape, 2. chiocciola, 3. pecora, 4. canarino, 5. topo, 6. mucca, 7. cavallo, 8. cucciolo, 9. tartaruga, 10. pulcino.

**Pagina 68 -** *Gioco A:* 1. cane - artiglio, 2. gallo - orecchie, 3. oca, 4. cavallo - corna, 5. chiocciola - coda, 6. pesce - becco, 7. tartaruga - baffi, 8. gallina - zoccoli, 9. coniglio - ali, 10. mucca - proboscide, 11. pecora - criniera, 12. uccello.

**Pagina 71:** 1. falso, 2. falso, 3. vero, 4. falso 5. vero, 6. vero, 7. vero, 8. vero, 9. falso, 10. vero.

**Pagina 72:** Il serpente striscia sul terreno. Il coccodrillo nuota nel fiume. La iena annusa le carogne. La scimmia si dondola tra i rami. L'avvoltoic nutre i suoi piccoli. Il leone da la caccia alle zebre Lo struzzo nasconde la testa nella sabbia. La gazzella corre e salta. L'ippopotamo si tuffa nell'acqua fangosa. L'elefante si gratta contro i tronchi degli alberi. Il leopardo dà la caccia alle gazzelle. La scimmia salta da un ramo all'altro.

**Pagina 73:** 1. bufalo, 2. fenicottero, 3. giraffa, 4. zebra, 5. dromedario, 6. struzzo, 7. camaleonte, 8. coccodrillo, 9. elefante.

**Pagina 75:** 1. ingessatura, 2. mignolo, 3. muscolo, 4. termometro, 5. unghia, 6. capelli, 7. ascella. *Sano come un pesce.

**Pagina 77** - *Gioco A:* 1. capelli, 2. sopracciglia, 3. occhio, 4. naso, 5. dente, 6. mento, 7. collo, 8. spalla, 9. gomito, 10. mano, 11. coscia, 12. ginocchio, 13. polpaccio, 14. caviglia, 15. piede. *Gioco B:* Forte - brutto - grosso - alto.

**Pagina 80:** I giochi olimpici.

**Pagina 81:** ciclismo, equitazione, tennis, pallacanestro, hochey, sci, nuoto, calcio, salto, pattinaggio. / Pentathlon.

**Pagina 83:** Carlo e Anna ascoltano la musica. Tu e Paola fate ginnastica all'aperto. Vado da solo in barca e remo. Ci piace passeggiare tra gli alberi. Vuoi che prendiamo un po' di sole? Luigi dorme sull'amaca. Tu suoni bene la chitarra.

**Pagina 84** - *Gioco A:* 1. Al campeggio noi dormiano sotto la tenda. 2. Paolo nel bosco cerca i funghi. 3. Francesca, distesa sulla sabbia prende il sole. 4. Chi fa equitazione cavalca per i prati. 5. Luigi, con pennello e colori dipinge il paesaggio. 6. Michele e Lucia, seduti sul prato leggono un libro. *Gioco B:* 1. pescare, 2. dormire, 3. remare, 4. pedalare, 5. dipingere, 6. leggere, 7. raccogliere, 8. scalare.

**Pagina 85:** In estate il sole è caldo ed è bello campeggiare in riva al mare. Qui si può pescare, prendere il sole e nuotare dall'alba al tramonto. Invece nelle giornate nuvolose si può leggere o passeggiare. In estate si può dormire, sotto le stelle al chiaro di luna senza aver freddo e svegliarsi al canto degli uccelli.

# Indice


La natura 6
La città 10
L'aeroporto e la stazione ferroviaria 14
In viaggio 18
La gente al lavoro 22
Le abitazioni e gli ambienti 26
La casa 30
Il self-service 34
Il supermercato 38
Il mercato 42
Tutti in classe 46
L'ufficio 50
La sfilata di moda 54
Preposizioni e avverbi 58
L'inverno in montagna 62
Gli animali domestici 66
Gli animali selvatici 70
Il corpo umano 74
Gli sport 78
Tempo d'estate 82
Vocabolario 87
Soluzioni 91